チャートで
理解！

中小企業オーナー・地主が

家族信託を活用するための基本と応用

家族信託の基本／家族信託の税務の基本
家族信託の活用事例／信託を検討してみよう

公認会計士・税理士
成田 一正 著

（株）継志舎 代表取締役
石脇 俊司 著

一般財団法人
大蔵財務協会

はじめに

　高齢者の資産管理と承継は、日本の大きな社会問題です。その対策を進めていかなければ日本経済は発展どころか大きく衰退していくでしょう。

　70歳を超える中小企業・小規模事業者の経営者数は2025年までに245万人に達するといわれています。後継者への事業承継は、日本の中小企業において最重要の課題です。事業承継は後継者問題が大きいものの、価値のある自社株を後継者にどのように承継するかの対策も重要です。

　不動産を所有する地主の相続税対策といえば、賃貸住宅の建築が挙げられます。2015年には相続税の基礎控除額の引き下げを反映し、1都3県の木造と鉄骨造の賃貸住宅の着工数は前年比13,000件増えたといいます（国土交通省「建設着工統計」）。

　相続税の債務控除と不動産価額の評価方法からも、地主の相続税対策には、引き続き賃貸住宅の建築が行われると思います。しかし、人口が減少する日本では、賃貸経営はより一層難しくなり、相続税対策だけのために安易に取り組めば負の資産を残すだけとなります。そのような難しい判断を必要とする賃貸経営を、高齢となる地主が自ら行っていくことは大変でしょう。

　この課題解決方法の1つに家族信託があります。大切な資産を家族で守り次世代へと承継する家族信託は、日本人にとても合う仕組みであると筆者は考えています。家族信託を活用し、中小企業オーナーと地主の課題を解決してもらいたいという思いから本書を執筆しました。中小企業オーナーの自社株、地主の不動産にどのように家族信託を活用するかについて、筆者がこれまでに関与した110件を超える家族信託の実績をふまえて解説しています。

　特に、中小企業オーナーの事業承継、地主の相続税対策において、一番初めに相談を寄せられる税理士が、本書で信託を簡潔に理解すること、またクライアントに家族信託の活用を説明・提案できるようになること、これら2点を目指し執筆しています。

　第1編では、家族信託の基本と活用方法をコンパクトに説明します。家族信託を説明しようとすると、どうしても法律用語が多くなってしまいます。法律

用語は簡潔にして、イラストやチャートを多用することで、説明をする税理士にも、説明を受ける中小企業オーナーや地主にも、簡潔に理解できるようにしています。

第2編では、相続・事業承継の税務の第一人者であり、信託税務にも精通する成田一正税理士が、家族信託の税務の基本について解説しています。

第3編では、中小企業オーナーと地主の課題を解決する家族信託について、事例で解説します。

第4編では、家族信託に取り組みたいとクライアントから依頼を受けたときに対応できるよう、家族信託を作り上げるまでのプロセスを示し、プロセスごとのTo Doリストを作成し、解説しています。このTo Doリストを実行していけば、クライアントが望む家族信託を作っていくことができます。

本書は、中小企業オーナーと地主の方々が抱える相続・事業承継の課題解決に、家族信託の組成とその後の支援で関与してきた筆者たちの経験をふまえて執筆しました。筆者一人で関与できる件数には限りがあります。是非、多くの方々に家族信託の活用方法を知っていただき、その方々が中小企業オーナーと地主の課題を解決していただけたらと願っています。その数がもっともっと増えれば、日本の社会問題の解決につながり、日本経済のさらなる発展に寄与できるものと信じています。そのきっかけを本書が担えたら大変嬉しく思います。

最後になりますが、第1編を執筆するにあたり、岡田綜合法律事務所の山口正徳弁護士、弁護士法人菊永総合法律事務所の菊永将浩弁護士にご指導をいただきました。また、本書の企画から出版にいたるまで大蔵財務協会のご担当の方々に大変お世話になりました。この場をお借りして感謝を申し上げます。

令和4年5月

㈱継志舎 代表取締役　石脇俊司

中小企業オーナー・地主が

家族信託を活用するための基本と応用

チャートで理解！

CONTENS

第2編 家族信託の税務の基本

第2章　地主の活用事例

第4編 信託を検討してみよう

イラスト／森山美香

〔凡　例〕

本文中に引用している法令等については、次の略称を使用しています。

(1)　法令等

信法	信託法
信規	信託法施行規則
所法	所得税法
所令	所得税法施行令
所規	所得税法施行規則
相法	相続税法
相令	相続税法施行令
相規	相続税法施行規則
法法	法人税法
法令	法人税法施行令
法規	法人税法施行規則
会法	会社法
措法	租税特別措置法
措令	租税特別措置法施行令
措規	租税特別措置法施行規則
消法	消費税法
消令	消費税法施行令
通規	国税通則法施行規則
地法	地方税法
地令	地方税法施行令
登法	登録免許税法
不登法	不動産登記法

(2)　通　達

所基通	所得税法基本通達
相基通	相続税法基本通達
法基通	法人税法基本通達
評基通	財産評価基本通達
措通	租税特別措置法通達
消基通	消費税法基本通達

〈表示法〉

信法4③一	信託法第4条第3項第1号

第1編

家族信託の基本

家族信託の基本のなかの基本

第1章

1-1 信託とは？　家族信託とは？

ポイント

* 「資産の管理」と「資産の承継」の2つをともにできる仕組み
* 信託の利用を希望する人は、信頼する人に資産を託す
* 資産の所有者に信頼され管理を託された人が、資産を管理する
* 信託する資産の承継先を決めることができる
* 家族信託は資産の所有者の家族が引き受ける信託
* 信頼する家族に信託する資産を移す

① 資産の管理と資産の承継ができる仕組み

　信託は資産の管理と資産の承継ができる仕組みです。信託という1つの仕組みで2つをともにできます。

　信託することで、資産管理を他者に任せることができます。高齢になると、手間がかかる資産の管理は難しくなりとても大変です。所有する資産について、高齢などの理由で自身で管理することが難しい状況にある人が信託を利用すると便利です。

　人間いつかは亡くなります。所有していた資産を亡くなったときに特定の人に承継したい場合、遺言を作成し、承継先を指定することができますが、信託は、遺言と同様に信託した資産の承継先を指定することができます。

　例えば、高齢の地主が、所有する賃貸マンションを信託すると、その地主が亡くなるまでの間、マンションは信託の仕組みで管理されます。そして、地主が亡くなったときには、地主が指定した人にマンションを承継することができます。

1-1　信託で資産管理と資産承継を行う

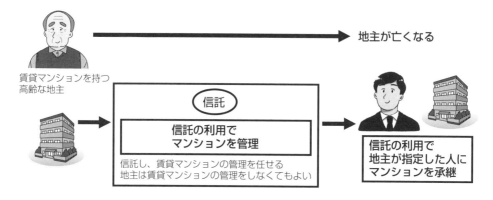

❷　信頼する人に資産を託す

　信託の利用を望む人は、その人が信頼する人に資産の管理を託します。信じて託すので、信託です。

　信頼され資産を託された人は、その信頼に応え資産を管理していきます。信託は、資産を所有し信託の利用を望む人と、その人から信頼されて資産を託される人の強い信頼関係の上に成立する仕組みです。

❸　家族信託

　資産の所有者が、その家族を信頼して資産を託す信託を家族信託といいます。身近な家族なら、安心して資産を託すことができるため、今後、家族信託の利用はさらに増えていくと思われます。

　一方、資産管理に専門性が必要な場合や、税制上の優遇措置を受けるために、信託銀行や信託会社などの信託の専門業者に任せる信託を商事信託といいます。

1-2　信頼する家族に資産を託す家族信託

❹　信頼する家族に資産を移す

　資産の所有者に信頼され、信託を引き受けた家族に、信託する資産を移転します。信託する人は、信頼する家族に資産を移転するため、信託した資産の所有者ではなくなります。信託を始めると、それ以降、信頼され資産を託された家族が、資産の所有者となり、その資産の管理を行っていきます。

1-3　信託すると資産の所有者は変わる

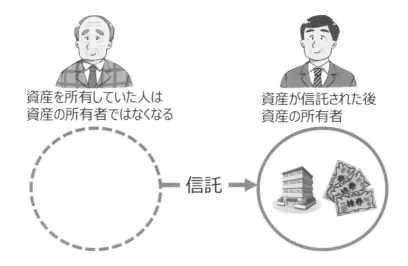

1-2 信託の肝　信託目的

ポイント

* 資産の所有者が、所有する資産のうち特定の資産について実現したい
  目的がある
* その目的を実現するために、特定の資産を信託する

１　信託目的

　信託は、利用者の特定の財産について一定の目的を実現する財産管理の仕組みです。目的は信託の肝であり欠かすことができず、目的がない信託は信託ではありません。

　信託法には、「特定の者が一定の目的（専らその者の利益を図る目的を除く）に従い財産の管理又は処分及びその他の当該目的の達成のために必要な行為をすべきもの」と信託を定めています（信法2①）。

　特定の者が、「目的に従って財産を管理又は処分する」ため、目的とともに財産があることも信託の要件になります。

　では、中小企業オーナーや地主が、信託を利用して実現したい目的とは、どのようなものがあるでしょうか？

1－4　［信託目的］信託で実現したいこと

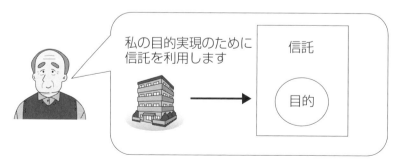

私の目的実現のために
信託を利用します

信託

目的

❷　中小企業オーナーの信託目的

　中小企業オーナーが持つ自社株を、信託を引き受けた人が管理・処分し、信託目的の達成を目指します。

　株主総会では、決算の承認、取締役の選任、事業内容変更のための定款変更など重要な決議をします。これらの決議がなければ、会社経営はストップしてしまいます。株主総会において株主である中小企業オーナーが常に議決権行使できることで会社の経営は安定し、拡大に向けた活動ができます。

　相続時に、自社株を後継者に相続することを考え、遺言の作成を検討する中小企業オーナーは多いでしょう。遺言は中小企業オーナーが亡くなったときに効力が生じるため、相続が発生するまでは中小企業オーナーが株主として、株主総会で議決権を行使しなければなりません。

　個人差はあるものの人間は高齢になるにつれて判断能力が低下します。低下が著しくなり認知症になる可能性もあり得ます。高齢者がみな認知症になるわけではありませんが、長生き時代、そのリスクは今後さらに増えていきます。認知症により意思能力を有しなくなると議決権の行使は無効になってしまいます（民法３の２）。

　中小企業オーナーの高齢化対策・認知症対策として、自社株の議決権行使を継続できるような対策が必要です。

1-5　中小企業オーナーの信託目的

信託目的
自社の安定と後継者への自社株の承継

□　株主総会の議決権行使
　　中小企業オーナーの認知症リスクを回避する
□　後継者に確実に自社株を承継する
　　遺産分割で揉めない、後継者に株式を速やかに承継する

③　地主の信託目的

　先祖より引き継いできた土地を有効に活用するために、土地に賃貸建物を建て、それを他者に貸すことで収入を得る賃貸事業を行っている地主は多いでしょう。賃貸事業では、より多くの収入を得るために賃貸建物の価値を維持する必要があります。価値の維持には、建物の定期的な修繕が必要です。建物の老朽化がより一層進めば、建て替えも必要になります。他者に貸し収入を得て、建物に関する費用を支払い、金融機関からの借入れを返済するなど、賃貸建物を持つ地主は賃貸事業者としてさまざまなことを行っていかなければなりません。

　しかし、地主が高齢になると、賃貸事業に関わる多くのことを滞りなく行うことが難しくなります。そのようなとき、賃貸建物と土地について信託を利用し、賃貸事業を安定的に継続していきます。

1-6　地主の信託目的

信託目的
安定した賃貸事業を継続させること

- □　賃貸事業の収入を安定させる
　　家賃収入を維持し、空室を増やさない
- □　賃貸建物の価値の維持
　　修繕、建て替え、付属設備の設置
- □　金融機関からの借入れ返済
- □　修繕、建て替えのため資金の積み立てや借り入れ

1-3 信託の登場人物
委託者・受託者・受益者

ポイント

＊　委託者は、信託の創始者（オリジネーター）

＊　受託者は、信託目的達成の義務を負い、義務を果たすために権限を与えられた人

＊　受益者は、信託財産について受益する権利を持つ人

1　委託者

委託者とは信託をする人です（信法2④）。

信託のオリジネーターとして、自身が所有する財産について実現したい目的を持ち、その目的の実現に、自身が所有する財産について管理・処分を特定の人に任せる人です。

本書のテーマは、中小企業オーナーや地主の家族信託の活用です。本書では委託者は、中小企業オーナーや地主自身となります。

2　受託者

受託者とは信託財産の管理又は処分及びその他の信託の目的達成のために必要な行為をする義務を負った人です（信法2⑤）。信託の目的達成のために、①信託事務処理義務、②善管注意義務、③忠実義務、④利益相反行為の制限、⑤競合行為の禁止、⑥公平義務、⑦分別管理義務、⑧報告義務、⑨帳簿作成の義務があり、これらを果たしていかなければなりません。

受託者は義務を果たすために、信託財産の管理又は処分及びその他の信託の目的達成のために必要な行為をする権限を持っています（信法26）。ただし、この権限は、それぞれの信託において制限することもできます。受託者に信託財産の管理・処分についてどこまでの権限を持たせるかを、信託を開始すると

きに信託契約などの信託行為（「第1章1-5　信託のしかた　信託行為」16ページ参照）に決めて、委託者が望む目的の達成に向けて、与えられた権限のもとに受託者は行動していきます。

　本書のテーマである家族信託は、受託者が、信託を引き受けることを営業として行うものではなく（注：信託の引き受けを行う営業は、内閣総理大臣の免許又は登録を受けた者でなければ営むことができません（信業法3、7①））、委託者の家族又は家族が関係する法人が受託者となり、信託の目的を達成するために引き受ける信託をいいます。営業目的ではなく、家族のために信託を引き受ける非営業の信託です。委託者の家族が受託者を引き受けることから家族信託といわれています。

　多くの家族信託では、受託者を委託者の子たちが務めています。中小企業オーナーや地主の信託では、委託者の事業を継ぐ後継者が受託者を務めることが多いようです。

❸　受益者

　受益者とは、受益権を有する人のことをいいます（信法2⑥）。

　受益権には、受託者に対して信託財産に係る給付を求める権利（これを受益債権といいます）と受託者やその他の信託に関与する人に対して一定の行為を求めることができる権利（受託者等への監督権）の2つの権利があります（信法2⑦）。

　後者は、信託財産に係る給付を受益者がしっかりと受けられるようにするため受託者を監督する権限であり、受託者への、権限違反行為の取消権、利益相反行為に関する取消権などです。

　本書のテーマである中小企業オーナーや地主の家族信託では、ほとんどのケースにおいて、委託者となる中小企業オーナーや地主が受益者となります。自社株や賃貸不動産などの信託財産の管理を受託者に任せ、配当や賃貸不動産の収入を受益者として得ていきます。信託する前は、信託した財産の所有者として自身の財産を管理し、その財産の収益を得ていましたが、信託した後は、信託財産の管理・処分は受託者に任せ、受益者として信託財産に係る収益の給

付を得ていきます。

1-7　委託者・受託者・受益者の関係

委託者

中小企業オーナー　　地主

信託する目的

受託者

後継者

財産・利益給付
を受ける権利

権利を確保するため
一定の行為を求める

受益者

中小企業オーナー　　地主

●義務がある
　・信託財産の管理・処分
　・信託目的の達成
●義務を果たすために権限を持つ

信託財産

column

受託者を担える人が家族内にいるか

　信託は、信託財産について委託者が実現したいと思う目的を、受託者が引き受け、受託者が信託財産を管理する仕組みです。受託者は、信託目的を実現する義務があり、義務を実現するために与えられた権限で信託財産を管理します。

　家族信託において、受託者は、営業を目的として信託を引き受けるのではなく、あくまでも家族のために非営利で受託者の事務を行っていきます（受託者は手間賃程度の範囲で信託報酬を得ることは可能です）。重い義務を課せられ、それを履行しても当然のこととして扱われる家族信託の受託者はかなり大変な業務を担うこととなります。

　そのため、親を思う気持ち、親が大切に守ってきた資産への思いへの共感、親子・家族の間での信頼がなければ、家族信託は成立しません。

　認知症を罹患する人が700万人を超えるといわれる現在の日本において、高齢者の資産管理に信託は必須ともいえます。親や家族を思う気持ちを持ち続け、高齢になる親や、自身で財産管理が難しい家族に寄り添って資産管理を担っていこうと思える人が家族にいないと、家族信託は成立しません。

1-4 信託の対象となる財産　信託財産

* ＊ 委託者から受託者に移転し受託者に管理・処分を任せる財産
* ＊ 受託者に属する財産
* ＊ 受託者自身の固有財産と分別して管理・処分する財産

1　信託財産

　信託財産とは、受託者に属する財産で、信託により管理又は処分をすべき一切の財産のことをいいます（信法2③）。

　「受託者に属する財産」とは、どのような財産なのでしょうか？　それは、委託者が所有していた資産で、その資産について委託者がある目的を実現したいと思い、信託を利用することとし、受託者に移転した資産のことをいいます。信託財産は、資産の所有権が、信託を原因として、もともと資産を有していた委託者から受託者に移転するため、受託者に属する財産となります。

　「一切の財産」とありますので、金融資産、不動産、動産、債権、知的財産権などすべての資産が信託財産となり得ます。そして、信託財産となり受託者が管理・処分することで、信託財産から得られる収入（例えば、不動産を賃貸することで得る賃貸料など）も信託財産となります。

　その一方、一身専属的な資産である年金受給権や法律により譲渡が禁止されている預金債権などは信託財産とすることができません。また、債務も信託財産にすることができません。

2　信託財産は受託者固有の資産と分別して管理する

　信託を原因として受託者に所有権が移転し信託財産となった資産を、受託者は受託者の固有資産と分別して管理しなければなりません。信託財産の分別管

理は受託者の義務（信法34）で欠かすことができません。

　そして受託者は、信託された資産が信託財産であることを第三者に対抗するため、登記、登録が必要な資産についてはその手続きをしなければなりません（信法14）。

　信託財産が不動産であれば、その不動産について、信託を原因とする受託者への所有権移転と、その不動産が信託財産であることの信託の登記を行います。信託財産が株式であれば、その株式の株主が受託者であることと、その株式が信託財産であることを株主名簿に記載するように、株式を発行する会社に求める手続きを受託者が行わなければなりません。

1-8　信託財産

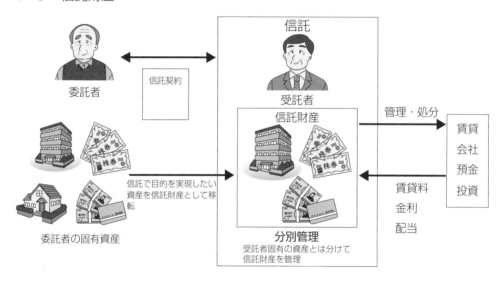

❸　信託財産責任負担債務

　賃貸事業を始めるために、所有していた土地に抵当権を設定し、金融機関から融資を受けて賃貸建物を建築（賃貸建物にも抵当権を設定）する地主は多いでしょう。この賃貸建物と土地を受託者に管理・処分させることで地主のこの不動産に関する目的（例えば、賃貸建物の管理を受託者に任せることで建物の価値を維持し安定的な賃貸事業を継続し、それを後継者へと承継したいといった目的）を実現する信託を利用する場合、土地と賃貸建物は信託財産とするこ

とができ安心です。しかし、それに紐付く債務も受託者が管理できないと、委託者が信託した資産に関する債務を管理し続ける必要がありとても不便です。

そのような信託前に委託者に生じた債権は、その債権に係る債務を信託財産責任負担債務として信託行為に定める（信法21①三）ことで、信託財産を引き当てにして受託者が債務を返済することができるようにします。信託財産の権利に係る債務を受託者が引き受けて信託財産責任負担債務とするには、あらかじめ金融機関と交渉する必要があります。

また、信託財産責任負担債務という言葉の印象から、債務の責任財産は信託財産のみという誤解が生じやすく注意が必要です。信託財産で返済ができないような状況（信託財産をすべて引き当てても足りない）が生じたときには、責任財産は受託者の固有財産にも及びます。受託者は債務についても大きな責任を負っており、この点について十分に理解しておくことが必要です（「第2章 2-5　信託財産責任負担債務」45ページ参照）。

1-9　信託財産責任負担債務

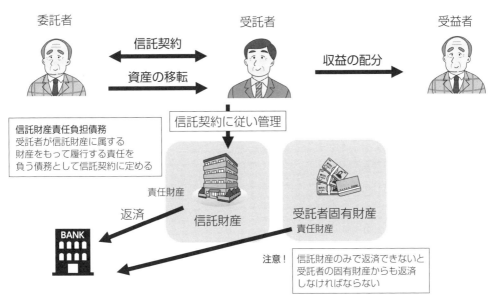

1-5 信託のしかた　信託行為

ポイント

＊　契約による信託　【信託契約】

＊　遺言による信託　【遺言信託】

＊　委託者自らが一定の財産を管理することの意思表示　【自己信託】

❶　信託の方法

　信託は3つの方法のいずれかですることになっています（信法3）。

　信託の方法として、①契約による、②遺言による、③信託宣言による、の3つがあります。この3つの方法で信託することを、信託行為といいます。

❷　信託契約、遺言信託、自己信託

　契約による信託は、委託者と受託者との間で信託契約を結び行う信託です。家族信託のほとんどがこの方法で行われています。そのため、本書では、信託は信託契約で行われることを前提として説明していきます。

　遺言による信託は、受託者に財産の譲渡、担保権の設定その他の財産の処分をすることと、受託者が一定の目的に従いその財産の管理又は処分及びその他の当該目的達成のために必要なことを行っていくことを遺言でする信託です。

　信託契約は契約を結んだときから信託が開始しますが（信託の効力の発生に条件を付けた停止条件付きの信託（信法4④）を除く）、遺言による信託は、委託者が亡くなったときに、委託者の遺産のうち特定の財産を信託財産として受託者に移転し行うため、さまざまな観点からも実務では難度の高い信託ともいえます。

　また、信託銀行などの商品で「遺言信託」がありますが、この商品は、この遺言による信託とは全く異なるものです。

信託宣言による信託は、委託者が一定の目的に従い自己の有する一定の財産の管理又は処分及びその他の当該目的達成のために必要な行為を委託者自らがすべき旨を公正証書その他の書面又は電磁的記録によって意思表示する信託のことであり、委託者が受託者となる信託です。自己信託とも言われています。

1-10　3つの信託方法

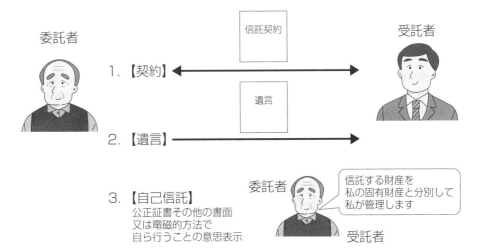

③　信託契約はオーダーメイドで作る

契約による信託は、契約の内容次第で多種多様なものとすることができます。委託者の意向をふまえ、オーダーメイドで資産管理と承継の仕組みを作ることができます。

また、信託財産の管理と処分における受託者の権限も信託契約次第です。信託財産の売却を制限したり、売却して買い換えることも可能としたり、抵当権を設定して借入れをすることができる権限を制限したり、信託財産についての委託者の目的を実現するために、受託者はどのように信託財産を管理するかについて、まさにオーダーメイドで信託契約を作成することができます。

④　オーダーメイドで作る信託契約における重要な項目

受託者は信託目的を実現する義務を負います。受託者は義務を果たすために信託財産の管理・処分の権限を与えられます。そのため受託者が行う信託財産

の管理・処分の権限の定めは、信託契約において重要となります。信託は、受託者による信託財産の管理の仕組みです。信託が終了するまで、家族が務める受託者が、信託目的を実現するためにどのように信託財産を管理・処分するかを、明確に信託契約に定めなければなりません。

　受益者は、受益権を有している人です。信託契約に受益者を指定します。ほとんどの家族信託は、信託開始時に委託者が受益者となる信託です（もちろん委託者以外の人を受益者とすることも可能です）。受益者が持つ受益権について、その内容を信託契約に定めます。信託財産に属する金銭の給付を得る、信託財産を利用することができるなど、受益者が有する権利の内容を信託契約に定めます。

　また、信託が開始したときの受益者から別の人を受益者にすることの指定もできます。ある条件が満たされると別の人が受益者となるなど、受益者が変わることの条件も信託契約に定めます。例えば、信託開始時に指定された受益者が亡くなったとき、次の受益者を指定することなどです。このような信託は「受益者連続型信託」といい、当初の受益者（委託者）が亡くなっても信託が終了せずに継続する、信託ならではの特徴的な仕組みです（「第2章2-1　委託者・受託者・受益者が亡くなったとき」35ページ参照）。

　信託の終了事由も重要な定めです。信託法163条には信託の終了事由の定めがありますが、信託契約に終了事由を定めることで、信託法に定められている終了事由以外で終了することをオーダーメイドに設定することができます（「第1章1-7　信託はいつ終わる　信託の終了事由と信託の清算」22ページ参照）。

　信託が終了したとき、終了したときの残余の信託財産を誰に渡すのか、この定めも忘れてはならない項目です。受益者が亡くなることで信託が終了することとなっている場合、その受益者の特定の相続人に残余の信託財産を渡すのか？　それとも法定相続人全員に渡すのか？　その場合、それぞれの割合をどうするのか？　信託契約に承継先を明確に定めておかないと、信託終了時の資産承継に問題が生じます。信託は資産承継の仕組みです。委託者の希望する人に承継できるよう信託契約に定め、信託財産の承継の実現を目指します。

1-6 受託者の仕事　受託者の義務と権限

ポイント

* 受託者には多くの義務がある
* 信託目的達成のため、信託契約に定められた信託事務処理をしなければならない
* 義務を果たすために権限も与えられている

１　受託者が果たさなければならない義務

受託者は信託目的を達成する義務があります。受託者には果たさなければならない多くの義務があります。

家族信託が安定したまま続くには、受託者が主体的に意識して義務を履行することが欠かせません。なお、信託会社や信託銀行等が引き受ける商事信託では、商事信託の受託者が義務違反した場合、監督当局による業務改善命令等の監督処分の対象となります。

1-11　受託者の義務

```
受託者の義務の一覧
①信託事務処理義務
②善管注意義務
③忠実義務
　・利益相反行為の制限
　・競合行為の禁止
④公平義務
⑤分別管理義務
⑥報告義務
⑦帳簿等作成の義務
```

②　信託事務処理の義務

　受託者は、信託の本旨に従い、信託事務を処理しなければなりません（信法29）。信託事務処理の内容は、信託行為によって定まります。本書では、契約による信託を前提としているため、受託者は信託契約に定められた信託事務処理を行う義務があります（注：信託事務処理の遂行義務は信託行為によるもの（狭義）には限らず信義則の適用によって導かれるようなものもあります）。

　営業として信託の引き受けを行う商事信託の受託者の義務の履行は当局に厳しく監視されますが、営業として行わない家族信託でも、受託者が果たすべき義務は商事信託の受託者と同様であり、そこに違いはありません。家族信託の受託者でも求められる義務は大変重いのです。

③　信託目的を達成するために受託者に与えられる権限

　受託者は、信託財産に属する財産の管理又は処分及びその他の信託の目的達成のために必要な行為をする権限を有しています（信法26）。受託者に与えられる権限は広範にわたります。

　受託者は、信託目的達成のために信託財産の所有者としてあらゆる権限を行使することができます。他方、信託行為により、その権限に制限を加えることも可能です（信法26）。信託目的達成のために、受託者のどの権限を制限するか、受託者の権限の範囲を信託契約に明確に定めておくことは、とても重要なこととなります。

　受託者がした行為の効果は信託財産に帰属します。受託者の行為がその権限に属しない場合、受益者は当該行為を取り消すことができるようになっています（信法27）。

1-12　受託者の義務と義務履行のために与えられる権限

信託契約
信託目的

目的達成の義務

義務履行のために
権限を与えられる

受託者

受益者のために
信託財産を管理・処分

信託財産の給付

受益者

信託契約で定められた
権限で管理・処分

信託財産

1-7 信託はいつ終わる 信託の終了事由と信託の清算

ポイント

* 信託法が定める終了事由がある

* 信託契約に終了事由を定める

* 終了事由に該当し信託が終了すると、信託は清算事務に入る

① 信託法が定める信託の終了事由

　信託終了事由として信託法第163条には、①信託目的の達成又は信託の目的を達成することができなくなったとき、②受託者が受益権の全部を固有財産で有する状態が１年間継続したとき、③受託者がいなくなり、新受託者が就任しない状態が１年間継続したとき、④信託財産が費用等の償還に不足しているため受託者が終了させるとき、⑤受託者を同一とした２つ以上の信託を新たに１つにまとめるといった信託の併合をしたとき、⑥特別の事情又は公益の確保のために裁判所が終了を命じたとき、⑦信託財産について破産手続開始の決定があったとき、⑧委託者が破産手続開始の決定、再生手続開始の決定又は更生手続開始の決定を受け、破産管財人・再生債務者等・会社更生管財人により信託契約の解除がされたとき、⑨信託行為に定めた事由が生じたとき、と定めています。

　委託者及び受益者はいつでも合意により信託を終了できます（信法164）。

　家族信託では、委託者が受益者となる信託がほとんどです。この場合、信託法164条により委託者の単独の意向でいつでも信託を終了できます。しかし、それでは信託目的に反する信託の終了を招くことも考えられますので、委託者の単独の意向だけで信託が終了しないよう、信託契約に、信託終了には受託者の同意を要する、と定めることで信託を安定させることができます。

②　信託契約に定める信託の終了事由

　家族信託のほとんどは信託契約によります。信託契約に定める終了事由は非常に重要なポイントです。

　当初の受益者（委託者）が亡くなったときに信託を終了させる例は多いです。しかし、委託者兼当初受益者の死亡を信託の終了事由とせず、信託を継続することもできます。当初の受益者が持っていた受益権がなくなり、信託契約に次の受益者として指定のある者が新たな受益権を取得する受益者連続型信託（「第1章1-9　信託の便利な機能②　資産を継ぐ機能」28ページ参照）では、当初の受益者と次の受益者がともに亡くなったときに終了するといった条件を信託の終了事由としていることもあります。また受益者連続型信託では、当初の受益者でもある委託者が亡くなった後は、委託者と受益者の合意により信託を終了させることができないため、受益者と受託者との合意で終了するといったことを信託契約に定めることもあります。委託者の意向をふまえ、信託の終了事由を信託契約に明確に定めます。

　家族信託は受託者を個人が務めます。受託者が亡くなる又は後見開始の審判を受けると受託者の任務は終了してしまいます（信法56）。受託者が不存在にならないよう後継の受託者を信託契約に指定しておくことも重要です。

③　信託の清算

　信託が終了事由に該当し終了した後、清算が始まります（信法175）。信託は終了しても清算が結了するまでの間は信託がなおも存続するものとみなされます（信法176）。信託の清算は、清算受託者がその事務を行います。清算受託者には、清算事務を行うために必要な一切の行為をする権限が与えられています（信法178）。家族信託では、終了時の受託者が清算受託者を務めることがほとんどです。

　清算受託者は、信託財産に債権があればそれを取り立て、債務があればそれを弁済します。そして残余の信託財産を確定し、それを信託契約に指定されている残余財産受益者又は帰属権利者に給付します（第1章1-9　信託の便利な

機能②　資産を継ぐ機能」28ページ参照)。

1-13　信託が始まってから信託の清算が結了するまで

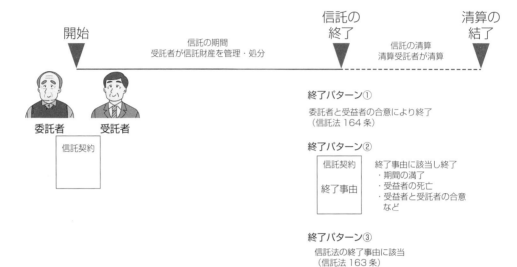

1-8 信託の便利な機能① 資産の権利を分ける機能

❶　管理・処分する権利と使用・収益を得る権利

委託者が有している特定の資産（信託財産）について、委託者は目的を持って、信託行為（ほとんどの家族信託では信託契約）により信託し、その資産を受託者に移転します。移転とは、信託する資産の所有権が委託者から受託者に移ることで、受託者への資産の移転がないものは信託ではないといえます。

信託財産の所有権が受託者に移転しても、受託者は信託財産からの利益を得る主体ではありません。資産の所有者は、法令の制限内において、自由にその所有物の使用、収益及び処分する権利を有しています（民法206）が、信託では、信託財産からの利益を得る権利（受益債権）は、受益者が有しています。

受託者は、信託目的の達成のため、信託財産を管理・処分する権限を有しています。管理とは、財産の現状を維持し、目的に沿った範囲内で利用や改良を図ることをいい、処分とは、財産の現状もしくは性質を変える行為又は財産権の変動を生じさせる行為を行うことをいいます。

❷　受託者は管理・処分権を持ち、受益者は使用・収益権を持つ

信託財産が建物であれば、受託者は、信託目的達成のために、その建物を貸す、建物の価値を維持するために修繕する、新たな設備を付ける、場合によっては他者に売るなどして、信託財産の管理・処分を行います（信託財産に関する管理・処分権の行使）。ただし、この管理・処分によって得られる利益は、

受託者には帰属せずに、すべて受益者が得る権利を有しています。

　すなわち、財産の所有者が通常有する財産の管理・処分権と使用・収益権は信託により完全に分離されることになります。そしてこの分離こそが信託を活用することのメリットであり、大きな効果が得られます。

1-14　資産の権利を分ける

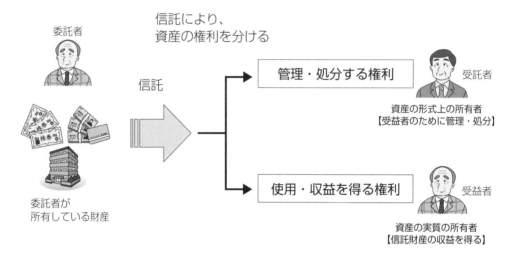

❸　誰が管理・処分し、誰が使用・収益を得るかを決める

　信託による資産の権利を分ける機能を活用して、家族の状況をふまえ、信託の設計をさまざまに発想していくことが可能です。

　チャート1-15は、自社株の信託について2つの仕組みを示しています。1つは、後継者が受託者で委託者と受益者が中小企業オーナーの信託（上図）、もう1つは、中小企業オーナーが受託者で受益者が後継者の信託（自己信託）です（下図）。

　前者は、中小企業オーナーが高齢のため、自社株の議決権（管理・処分する権利）を受託者となる後継者が有して行使し、配当（収益を得る権利）は中小企業オーナーが受領する信託です。

　自己信託は（「第1章1-5　信託のしかた　信託行為」16ページ参照）、中小企業オーナーが自社株を自身の固有財産から切り離して信託財産とし、自身が受託者となり受益者のために信託財産を管理します。議決権は信託前と同様に

中小企業オーナーが行使し、配当は後継者が受領します。財産権を早く後継者
に移転したいときに使うことができます。

1-15　自社株信託の設計例

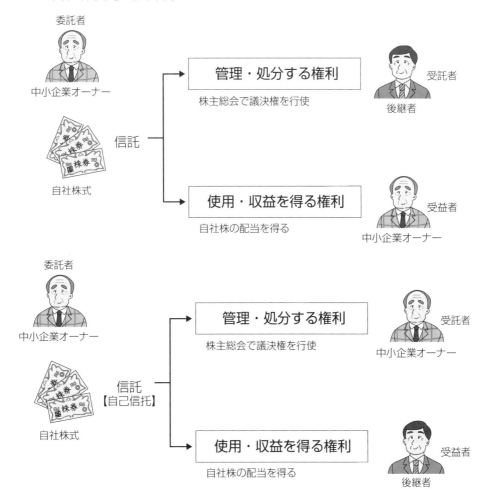

1-9 信託の便利な機能② 資産を継ぐ機能

ポイント

＊　信託終了後、残余の信託財産を継ぐ

＊　信託期間中、受益権を継ぐ

① 信託が終了したとき残余の信託財産を継ぐ

　信託契約に定めた事由又は信託法の信託終了事由に該当することにより、信託は終了します。信託が終了し、清算した後、信託財産の残余（以下、残余財産といいます）は、残余財産受益者又は帰属権利者（以下、両者を合わせて帰属権利者等といいます）と信託契約に指定された人に給付されます。

　信託契約で資産の承継者を指定することができるため、信託は遺言と同様に委託者が亡くなったときの資産承継機能を有しています。

　決定している後継者に確実に承継したい資産（自社株や代々にわたり承継してきた不動産など）について、信託のこの機能を活用すると、資産承継が速やかです。

② 信託財産は信託が終了すると帰属権利者等に継がれる

　清算受託者（「第１章 1-7　信託はいつ終わる　信託の終了事由と信託の清算」22ページ参照）は、信託契約の定めに従い、残余財産を帰属者等に給付します。

　信託財産は、信託開始とともに受託者に移転し、受託者が信託財産を所有しています。委託者が亡くなったときには、信託財産は委託者が所有している資産ではないため、遺産分割の対象となる資産ではありません。

1-16 信託を利用したときの資産承継と通常の資産承継

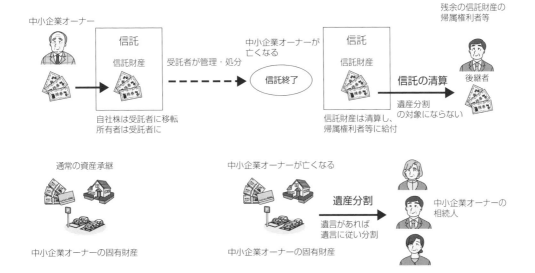

❸ 残余財産の給付を受ける権利は放棄できる

　信託契約に指定された帰属権利者等は、残余財産の給付を受ける権利を放棄することができます（帰属権利者等が信託契約の当事者の場合は放棄できません）。権利が放棄されると、委託者又は委託者の相続人その他の一般承継人を帰属権利者として定めがあったものとみなされます（信法182②）。

❹ 信託の収益を得る権利を継ぐ

　受益者が持つ信託財産に係る給付を得る権利（受益債権）を次の人へと継いでいくこともできます。

　委託者の死亡により受益権を取得する旨の定めのある遺言代用信託（信法90）や、受益者の死亡によりその受益者の受益権が消滅し、他の人が新たな受益権を取得する旨の定めのある受益者連続型信託（信法91）を活用して、信託財産に係る給付を受ける権利を次の家族へと継いでいくことができます。

　管理に手間がかかる賃貸不動産について、委託者の子を受託者として信託し、委託者が亡くなるまでの間はこれまで通り委託者が受益者として賃貸不動産の収益を得ていき、委託者が亡くなった後は、委託者の配偶者が収益を得る信託の仕組みとして、高齢の配偶者間の資産承継に活用することもできます。

　受益者連続型信託は、委託者が遺言では指定できない、世代を超えた（親から子、さらに孫へと）承継も可能とします。

　しかし、委託者の家族が受託者を務める家族信託では、長期間にわたる信託は、信託事務を安定して継続する受託者の確保に課題があります。

1-17　受益者連続型信託

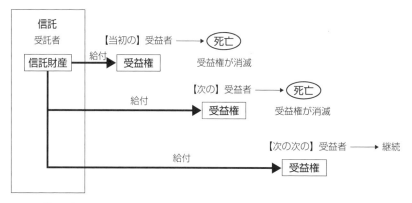

受益者が亡くなっても信託は終了しない
信託財産は受託者が所有し引き続き管理・処分する

1-10 信託の便利な機能③　まとめる機能

ポイント

* 委託者の持分をまとめる
* 相続で分散しないようまとめる

1 共有物の管理

資産を共有しているとき、各共有者は、他の共有者の同意を得なければ、共有物に変更を加えることができません（民法251）。共有物の管理は、各共有者の持分の価格に従い、その過半数で決します（民法252）。

2 不動産の共有は問題が

夫婦は仲が良いから将来揉めることもないだろうと、半分ずつの持分で夫婦が共有している不動産登記簿をよく見かけます。

仲が良くてもこの所有形態では、将来、不動産の管理・処分に問題が生じる可能性があり、注意が必要です。将来、もし夫婦のどちらかが判断能力を著しく低下させると、この不動産の処分ができなくなります。共有物の管理は持分の価格に従い過半数で決するため、どちらかが判断能力低下により意思行使できなくなると、過半数の決定ができなくなります。

3 共有する不動産の管理を受託者に集中する

夫婦で共有する不動産は、信託のまとめる機能を活用し、管理・処分を受託者に集中します。

この夫婦のケースでは、子が受託者となり、信託財産の不動産に関する管理・処分を受託者が担います。夫婦は委託者かつ受益者となり、信託財産の不動産に係る収益を、信託する前と同様にそれぞれの持分に応じて得ていくこと

ができます。

　信託を利用し、不動産を所有する人が持つ管理・処分の権利と使用・収益を得る権利を分けて（信託の分ける機能）、管理・処分の権利を受託者にまとめる方法です。

　夫婦二人とも亡くなるまでの間、信託は継続し、受託者が不動産の管理・処分をしていきます。夫婦のいずれかが亡くなったとき、亡くなった方が有していた受益権は消滅し、その相当分の新たな受益権を、受託者を務める子が取得する（信託の継ぐ機能）こともできます。子は親と自身が受益者の信託の受託者として管理・処分を続けていきます。

1-18　信託し委託者の持分を受託者にまとめる

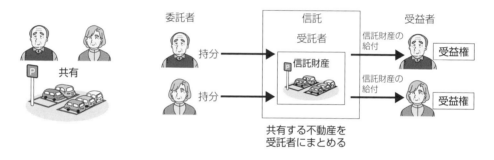

4　分散しているものをまとめる

　創業後、年数が経過している会社では、多数の親族が少数株主となっているケースをよく見かけます。少数株主に相続が発生すると、その株は子たちへ相続され、今よりも株主の数がさらに増えることも考えられます。

　このような親族の少数株主がいるケースでも、信託のまとめる機能の活用を検討することは有効です。親族少数株主は、議決権を行使して積極的に経営に関与することよりも、配当を受領することへの期待が大きいと思われます。親族少数株主の株式を信託財産とし、少数株主がそれぞれ委託者となり、受託者に信託をすることで、株式を受託者にまとめます。会社の安定的な経営に向けて、受託者が議決権を行使し、親族少数株主に配当を給付する仕組みで、少数株主の増加を防ぐというアイデアも考えられます。

1-19 少数株主の株式を受託者にまとめる

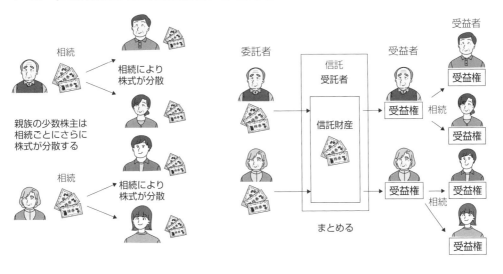

column

家族信託の利用

　世界一の超高齢社会で、その高齢者に資産が偏重する日本。今後、高齢者が所有する資産の管理と承継は社会的に大きな問題です。個人資産を有効活用し、それが経済の活性化にもつながっていくことを考えると、高齢者の資産を全く活用することができなければ、日本経済の発展も限定的となります。

　日本の認知症罹患者は700万人を超えるといわれ（65歳以上の高齢者の人口の約2割にあたる数）、高齢になるに従いその罹患率も上昇していきます。今後、医薬分野において研究が進み認知症の治療方法も確立されていくことを筆者は期待していますが、当面は、判断能力が低下した方々の資産の管理と承継は超高齢社会日本の大きな課題といえます。

　この大きな課題の解決方法として、高齢の方の資産を受託者に移転して、受託者が資産を管理する信託は大変有効であり、今後もその利用は増加していくものと思われます。また、資産を移転する先が身近な家族である、家族が受託者となる家族信託は、利用者にとっても身近な家族ゆえに安心感があります。

　日本公証人連合会では、平成30年以降、信託に係る公正証書の作成件数の統計をとっています。受託者が信託銀行や信託会社でない民事信託（＝家族信託）の数は、平成30年が2,223件、令和元年が2,974件、令和2年が2,924件となっています。今後その利用が増えるだろうといわれながらも、令和2年の遺言公正証書の作成件数が約10万件、任意後見契約に係る公正証書の作成件数が約1万件であることから、家族信託の数はまだまだ少ないといえます。

　それは、家族信託を取り組むにあたり課題があるからであると筆者は考えています。

　例えば、信託財産を管理するための信託口口座の開設に対応する金融機関がまだ少ないこと、家族信託を支援する専門家の数もまだ少ないこと、対応する専門家への報酬が他の制度に比べると高いと思えること、そして家族であっても資産を移転する受託者が勝手に資産を使い込んでしまうようなことへの歯止めの仕組みが弱いことなどが考えられます。

　判断能力が低下した高齢者の資産管理の方法として、後見制度があり、信託のみが解決方法というわけではありませんが、所有者から資産を移転し財産管理が行われる方法は他になく、信託契約に従って受託者が規律を守り信託目的達成のために信託財産を管理することができるならば、将来もっともっと活用されても良い仕組みと筆者は思っています。

　社会的に必要とされる信託を利用者が安心して使えるよう、現時点の課題を専門家や金融機関が連携して解消していく努力が必要であると思っています。

家族信託を活用するための基本

第2章

2-1 委託者・受託者・受益者が亡くなったとき

質 問

家族信託では、信託期間中に委託者・受託者・受益者が亡くなることがあると思います。それぞれの方が亡くなったとき、信託はどうなるのでしょうか？

解 説

❶ 委託者が亡くなったとき

委託者は信託をした人です。目的を実現するために受託者に資産を移転し、受託者に信託した資産の管理・処分を任せた人です。委託者は信託を開始する際には重要な役割を担います。

遺言による信託では、委託者の相続人は委託者の地位を相続により承継しません（信法147）。契約による信託と自己信託では、委託者が信託期間中に亡くなると、委託者の相続人は委託者の地位を相続により承継します。しかし、委託者が亡くなった後も継続する信託で、信託を開始した人ではない委託者の相続人が、委託者の地位を承継すると、その後の運営が非常にやっかいになることが想定されます。

また、信託期間中、委託者は、受託者の選任・解任の権利や辞任の承認などの権利、信託の変更と終了に関する権利などを有しています。委託者が亡くなったときには、これらの委託者の権利はどうなるのでしょうか？

信託契約においては、委託者が権利の全部又は一部を有しないと定めることができます（信法145①）。

　「委託者が死亡したときには、委託者の地位は受益権を取得する人に移転し、委託者の権利は消滅する」と信託契約に定め、委託者の権利を消滅させて、委託者の地位を受益者に移転させることで、委託者の相続人が委託者の地位を承継して信託に関与しないようにすることもできます。

❷　受託者が亡くなったとき

　受託者である個人が死亡すると受託者の任務は終了します（信法56）。受託者が不存在になると信託は続きません。そのため家族信託では、信託契約に、受託者が死亡した場合、次の受託者を指定しておきます。受託者の死亡により受託者の任務が終了したときには、信託の利害関係人は次の受託者に指定された人に相当の期間を定めて就任の承諾をするかの確答を催促します（信法62②）。期間内に次の受託者に指定された人からの確答がない場合、就任の承諾をしなかったものとみなされます（信法62③）。次の受託者が就任しない場合、委託者及び受益者はその合意により次の受託者を選任することができます（信法62①）。合意に係る協議の状況その他の事情に照らして必要があると認めるときは、利害関係人が理由を付して裁判所に申し立て、裁判所が受託者を選任することもできます。

　個人が受託者を務める家族信託では、信託契約で指名した次の受託者に、信託開始時に、当初の受託者が亡くなったときには次の受託者となることの承諾を得ておくことが必要です。

❸　受益者が亡くなったとき

　受益者が亡くなることが信託の終了事由となっていない場合、受益者が亡くなっても、信託は継続します。信託契約に、次の受益者の指定がなければ、受益権は相続財産となり、受益者の相続人が相続することになります。

　受益権を特定の人に持たせたいときには、受益者が亡くなったときに次の人が新たな受益権を取得することを信託契約に定めます。

　受益者の死亡により、当該受益者の有する受益権が消滅し、他の者が新たな受益権を取得する旨の定め（信法91）のある信託を、「受益者連続型信託」と

いいます。この承継は遺言ではできないため、信託ならではの仕組みといえます。

1-20　受益者連続型信託

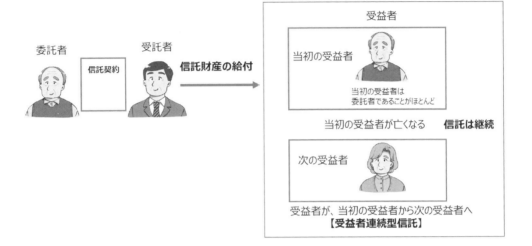

2-2 信託の変更

質 問

　家族信託が開始したのち、委託者等の事情や意向により信託を変更したい場合、どのようなことをすればよいでしょうか？

解 説

1 3者の合意により変更

　信託は、委託者、受託者及び受益者の合意により変更します（信法149①）。「合意」とは、全員の意見が一致することです。「同意」（他人の行為に賛成の意思表示をする）ではなく、委託者・受託者・受益者の3者が「合意」し変更します。判断能力が著しく低下して合意ができない人がいると、3者合意による信託の変更はできません。

1-21　信託契約を3者の合意で変更

2 委託者の合意なく変更

　信託目的に反しないことが明らかなときには、受託者と受益者の合意で信託を変更できます（信法149②一）。委託者が信託を利用して達成したい目的（信託目的）に反しないことが明らかなときには、委託者の合意は不要です。

　信託目的に反しないことと、受益者の利益に適合することが明らかなときには、委託者及び受益者の合意は不要です。受託者のみの書面等による意思表示によって信託を変更することができます（信法149②二）。

❸ 受託者の合意を必要としない変更

受託者の利益を害しないことが明らかなときには、受託者の合意は不要です。委託者と受益者の受託者に対する意思表示で信託を変更することができます（信法149③一）。

信託目的に反しないこと及び受託者の利益を害しないことが明らかなときには、委託者及び受託者の合意は不要です。受益者の受託者に対する意思表示により信託を変更することができます（信法149③二）。

❹ 信託行為に別段の定め

上記の方法にかかわらず、信託契約に別段の定めがあるときは、その定めるところによります（信法149④）。

検討する信託では、信託を変更するときには、どのような条件が安定的か、又変更しやすいか、個別の事情をふまえて検討し、別段の定めを設けます。

1 -22　信託契約の変更

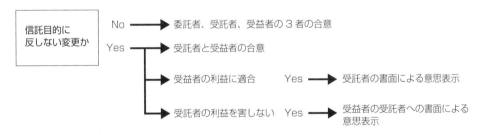

しかし、

2-3 信託の終了

質問

信託期間中にどのようなことが起こると信託は終了しますか？
途中で信託を終了したいときは、どうしたらよいでしょうか？

解説

1 法定の終了事由

　信託の終了事由（信法163）と、委託者及び受益者の合意等による信託の終了（信法164）に、信託の終了に関する規定があります。

　これらの法定事由に該当すると信託は終了します。

1-23　信託の終了事由と信託の終了（信託法）

信託の終了事由（163条）
1項：信託の目的達成、又は信託の目的達成ができなくなったとき
2項：受託者が受益権の全部を固有財産で有する状態が1年間継続したとき
3項：受託者が欠け、新受託者が就任しない状態が1年間継続したとき
4項：信託財産が費用の償還を受けるのに不足し、受託者が終了させたとき
5項：信託の併合
6項：特別の事情が発生又は公益を確保するために裁判所が終了を命じたとき
7項：信託財産について破産手続開始の決定
8項：委託者が破産手続開始、再生手続開始、又は更生手続開始の決定を受けた場合において、破産管財人、再生債務者、又は会社更生管財人により信託契約の解除がされたとき
9項：信託行為に定めた事由
委託者及び受益者の合意等による信託の終了（164条）
1項：委託者及び受益者は合意によりいつでも終了することができる
3項：信託行為に別段の定めがあるとき

② 委託者及び受益者が合意により信託を終了

委託者及び受益者はいつでも合意により、信託を終了することができます（信法164①）。受託者に不利な時期に信託を終了したときには、委託者及び受益者は受託者に損害を賠償しなければなりません（信法164②）。

家族信託では、信託開始時に委託者と受益者が同じである信託が多いため、委託者であり受益者の単独の意思表示のみで信託を終了させることができます。信託の変更は委託者、受託者、受益者の3者による合意で変更します（信法149）が、信託の終了は受託者の承諾を必要としていません。委託者が現に存在していないときには、不存在の委託者と受益者の合意ができません（信法164④）。受益者のみの意思表示で信託を途中終了するには、信託契約に別段の定めをすることが必要です。

③ 信託契約に定めた事由により終了

家族信託での信託契約には、法定の終了事由に加えて、特定の事由が生じることで終了するとしている例がほとんどです。信託を利用する人は、どのような事由で信託を終了するか、その事由を検討し明確にしておく必要があります。そして、それを信託の終了事由として信託契約に定めます。

「委託者である受益者が亡くなることで終了する」、「当初の受益者と次の受益者が亡くなると終了する（受益者連続型信託）」、「一定の期日が到来することで終了する（信託期間を○○年とする、又は○○年○月末日までとするなど）」、といった終了事由が家族信託では一般的です。

「受益者と受託者が合意することで終了する」、と定めがある信託契約においては、期日や人の死亡で終了しません。このような「別段の定め」を置く理由は、さまざま考えられます。例えば、委託者と受益者が同じ信託では、信託法では委託者兼受益者の意思のみでいつでも信託を終了できるため、その適用を排除する意図がある場合があります。受託者が合意することも条件とすることで、途中で信託を終了させられないようにしています。

特定の事由が生じることで信託は終了し、信託によって委託者より受託者に

　移転した信託財産の残余を、帰属権利者等（帰属権利者又は残余財産受益者）に移転します。その特定の事由を何とするのか、また特定の事由が生じないときでも信託を終了できる人を誰とするのか、家族信託では、これらの信託終了に関する信託契約の定めは非常に重要です。

2-4 受託者の仕事状況を監督する

質問

　信託期間中、受託者が信託財産の管理・処分においてその義務を果たすため、しっかり活動しているかを監督する人はいますか？　誰がどのように監督するのでしょうか？

解説

１　受益者が受託者を監督

　信託期間中、受託者は、受益者のために信託財産を管理・処分する信託事務を行い、信託財産に属する財産の引き渡しや信託財産に係る給付を受益者にします。受益者は、財産給付等を受ける受益者の権利【受益債権】と受益債権を確保するために受託者に一定の行為を求めることができる権利【受益権を確保する権利】の２つの権利を有しています。受益者は、受託者が信託事務の執行を適切に行っているかを把握し、受益債権が守られているかを監督します。

　受益者は、信託財産に関する帳簿や事務処理の内容などの報告を受け、受託者の信託事務遂行状況を監督します。受益者は、受託者に対して、この報告をいつでも求めることができます。受託者の任務違反行為により信託財産に損失が生じたときは、受託者に損失てん補責任を追及することもできます。

２　受益者代理人が受益者に代わって受託者を監督

　受益者代理人は、受益者に代わって、受益者が有する信託法上の一切の権利を行使する権限を持ちます。受益者代理人は、受益者のために代理して受益者の権限を行使をします。

　高齢者、障害がある方、未成年者で、自身の受益債権を守るために受託者を監督することが難しいと思われる人が受益者のときには、その受益者を代理する受益者代理人を信託契約に定めます。

　受益者代理人が選任されると、受益者は、受託者の権限違反行為の取消権や

受託者の利益相反行為に関する取消権、事務処理状況についての報告請求権など信託行為の定めにより制限が認められていない権利（信法92）及び信託契約に定めた権利を除き、その権利を行使できなくなります。

　受益者代理人の指定を望む場合、信託契約に受益者代理人を指定する定めを置いて、その定めにもとづき選任することしか認められていません。

❸　信託監督人が受託者を監督

　信託監督人は受益者のために信託法上受益者に認められている権利（信託法第92条に定められた権利。一部除外される権利がある）を行使します。信託監督人は、受益者のために、自己の名をもって権限を行使します。

　信託監督人が選任され、信託監督人に権限が与えられても、受益者の権利の行使は制限を受けません。

　信託監督人は、信託契約で指定しますが、信託契約に指定がないときでも、利害関係人が裁判所に申し出ることで信託監督人を指定することができます。

1-24　受益者の権利と受益者代理人・信託監督人

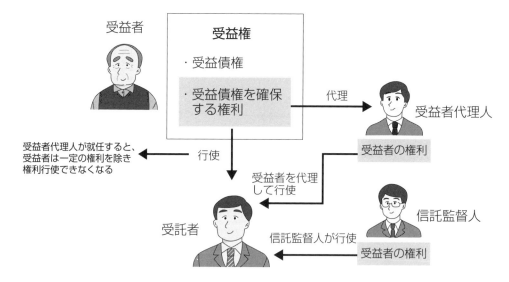

2-5 信託財産責任負担債務

質　問

　信託財産責任負担債務とは何でしょうか？　この債務がある場合、受託者は
どの範囲まで債務を負うのでしょうか？

解　説

❶　信託財産責任負担債務

　受託者が信託財産に属する資産をもって履行する責任を負う債務を信託財産
責任負担債務といいます（信法2⑨）。

　以下、①受益者が有する受益債権に関連する債務、②信託設定前に生じた権
利に係る債務、③受託者が行った信託事務に伴い発生した債務、は信託財産責
任負担債務となります（信法21①）。

1-25　信託財産責任負担債務

---

　①　受益者の受益債権に関連する債務
　　【受益債権、受益権取得請求権】

　②　信託設定前に生じた権利に係る債務
　　【アパート建築のために地主が借りたアパートローン】

　③　受託者が行った信託事務に伴い発生した債務
　　【信託期間中に受託者がアパート建築、修繕などのために借入れた債務】

---

❷　受益債権

　受益債権は、受益者が持つ信託財産の引き渡しや信託財産に係る給付の権利
です。この受益債権は、受託者が信託財産に属する財産のみをもって履行する
責任を負っています（信法100）。

❸　信託設定前に生じた権利に係る債務

　地主が土地に抵当権を設定しアパートローンを借入れ建築したアパートと、その土地を信託する場合（建てたアパートにも抵当権が設定されている）、信託後の家賃は信託財産になるので、受託者が管理する信託財産からローンを返済することができると便利です。

　受託者は債務を返済するために地主から債務を引き受け、信託契約に、委託者（地主）のアパートローンを信託財産責任負担債務とすると定め、受託者が信託財産に属する財産をもって信託前に地主が借りたアパートローンを返済していきます。信託契約にアパートローンを信託財産責任負担債務とすることの定めがないと、アパートローンは信託財産責任負担債務とはなりません。

　受益債権については、受託者は、信託財産に属する財産のみをもって履行する責任を負っていましたが、この信託財産責任負担債務としたアパートローンは、信託財産に属する財産をもってしても返済できない場合、受託者固有の財産をもって返済することが必要となるため注意が必要です。

1-26　信託財産責任負担債務の返済

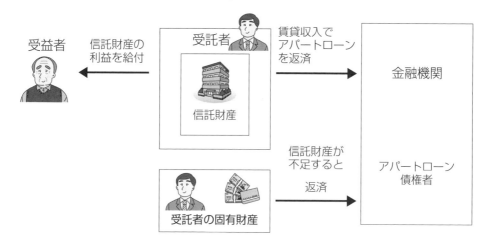

❹　受託者の信託事務により発生した債務

　信託期間中、信託財産である土地の上に受託者がアパートを建てるため、受

託者の権限で、信託財産である土地に抵当権を設定し、金融機関からアパートローンを借りた場合、信託法により当然にこのアパートローンは信託財産責任負担債務となります。

受託者が信託期間中に借りたこのアパートローンは、信託前に生じた権利に係る債務のときと同様に信託財産に属する財産をもってしても返済できない場合、受託者固有の財産をもって返済することが必要となります。

⑤ 受託者固有財産も責任財産となることに注意

信託財産責任負担債務という言葉から、この債務は信託財産のみをもって履行すればよいと勘違いしてしまう方が多いようです。

信託財産責任負担債務とした委託者が信託前に借りたアパートローンも、信託期間中に受託者の権限で借りたアパートローンも信託財産をもって返済できなければ、受託者の固有財産による返済をしなければならなくなります。十分に注意してください。受託者の固有財産を責任財産としたくない場合は、限定責任信託とすることが必要です（信法21②）。

2-6 遺言と信託

質　問

遺言と信託はどのような点が異なるのでしょうか？　信託と遺言は併用できるのでしょうか？

解　説

1　遺言

遺言とは、遺言する本人の財産について本人が亡くなったときの承継先を決める、本人の最終意思を示す制度のことです。

遺言の効力は、遺言者の死亡のときからその効力を生じます（民法985①）。相続人や受遺者は、遺言者の死亡の時点で財産を承継します。

2　信託

信託とは、財産の管理のみならず財産の承継にも使う制度です。

契約による信託では、信託契約に定められた事由が生じたときに受益者の権利が消滅し、新たな者に受益権を取得させることができます。また、信託が終了したときに、残余の信託財産を帰属権利者等（帰属権利者又は残余財産受益者）と定めた人に給付します。信託では受益権を他者に移すことや、残余の信託財産の承継先を決めることができます。

---

1. 委託者が受益者を変更することができる

2. 信託契約に、受益者を指定・変更する権利【受益者指定権】を有する人の指定があれば、受益者指定権者が、受益者を指定・変更することができる

3. 受益者が亡くなると、その受益者の受益権は消滅し、次に指定された者が新たに受益権を取得することを信託契約に定めることができる【受益者連続型信託】

4. 信託が終了したときの残余の信託財産を取得する帰属権利者を信託契約に指定する。帰属権利者を変更することも可能（誰がどのようなときに変更するかの条件を契約に定める）

3　遺言と信託を併用して使う

　本人が所有する財産は、亡くなるまで本人又は後見人等による管理が必要です。本人の判断能力が著しく低下したときには、本人による財産の管理・処分ができなくなるため、継続的に管理が必要な財産については信託を活用することが有効です。信託の活用で、管理・処分に加え承継先も指定することができます。

　信託を活用しない財産については、本人の死亡時に相続人の遺産分割に任せるのではなく、本人が承継先を決めておきたいとの希望がある場合、信託と併用して遺言を作成するとよいでしょう。

1-28　遺言と信託

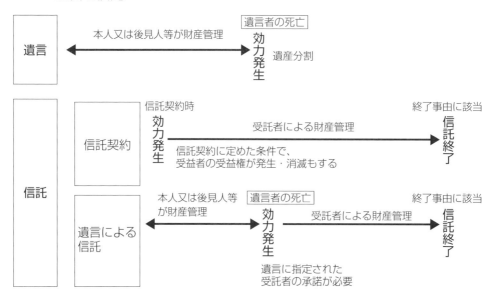

❹　信託した財産は受託者に移転し本人の財産ではなくなる

　信託した財産は、受託者に移転し、信託財産の名義と管理・処分の権限は受託者に移転します。そのため、信託を活用した資産は、本人が亡くなったとき、本人が所有する資産ではありません。本人の資産ではないため、本人の相続時に遺産分割する資産ではなくなっています。

　遺言を作成した後、信託を利用した場合、その遺言は後にした信託により撤回されたこととなります。信託財産の承継は信託契約に定めた先に承継されます。信託をするとき、すでに遺言を作成している場合は、信託の設定とともに遺言の作成をし直すことが必要です。

2-7 成年後見制度と信託

成年後見制度と信託はどのような点が異なるのでしょうか？
成年後見制度と信託は併用できますか？　また注意点などはありますか？

解　説

1 成年後見制度

　成年後見制度とは、精神上の障害により判断能力が不十分なため、契約など
の法律行為において意思決定が難しい人の財産管理と身上保護を、後見人等が
補う制度です。任意後見制度と法定後見制度の2つに分けられます。

　法定後見制度には、補助、保佐、後見（以下、「後見人等」といいます）の
3つの制度があります。判断能力が不十分である人は補助の制度を、判断能力
が著しく不十分である人は保佐の制度を、判断能力を欠いた状況にある人は後
見の制度を利用します。本人又は家族（配偶者又は四親等以内）等が家庭裁判
所に法定後見制度の利用を申し立て、家庭裁判所が法定後見制度の開始の審判
をしたときから開始されます。後見人等は家庭裁判所が決定します。本人の資
産状況と家族の状況をふまえ、家庭裁判所が後見人等を選任します。本人の資
産額が一定割合以上あると、本人や家族と全く縁のなかった弁護士、司法書士、
社会福祉士などの専門職が後見人等又は監督人に選定されることが多いようで
す。

　専門職が後見人等になる場合、その報酬が必要です。本人が亡くなるまでの
間ずっと後見人報酬が必要となります。

　任意後見制度は、本人に契約締結の判断能力があるうちに、本人の判断能力
が不十分になったときに、本人の財産管理と身上保護に関する事務を任せたい
人（任意後見人）との間で契約（任意後見契約）をあらかじめ締結しておきま
す。療養看護や財産管理に関する事務の代理権を任意後見人に付与する委任契
約です。事務の内容や任意後見人は本人が決められます。任意後見契約は公証

人が関与した公正証書によらなければなりません。本人の判断能力が不十分に
なり、本人、配偶者、四親等以内の親族や任意後見受任者が家庭裁判所に申し
立て、家庭裁判所が任意後見監督人を選任したときから、任意後見人による、
財産管理と身上保護が始まります。

1-29　成年後見制度

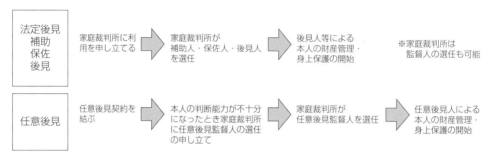

❷　信託と成年後見制度の違い

　信託は、財産管理と承継の制度です。後見制度では行える本人の身上保護が
信託ではできません。

　信託は、本人の判断能力があるときに開始することができますが、後見制度
は本人の判断能力が不十分になったときから開始されます。信託は本人が亡く
なった後も継続することができますが、後見制度は本人が亡くなったときに終
了します。

　信託では、財産の所有者が受託者に変わりますが、後見制度では財産の所有
者が本人のまま変わりません。

　後見制度は、被後見人が亡くなったときに終了するため、本人の財産は遺言
があれば遺言に従った遺産分割が行われ、遺言がない場合は相続人による遺産
分割で承継先が決まります。信託では、信託開始時に信託財産が受託者に移転
するため、信託財産は本人が亡くなったときには本人の遺産ではありません。
そのため、信託財産は本人が亡くなったときに遺産分割をしません。そして、
本人が亡くなったときに本人の受益権は消滅し、次に指定された人が次の受益
者となる受益者連続型信託では、本人が亡くなった後も受託者が継続して信託

財産を管理・処分します。最終的に、信託契約に指定された帰属権利者等（帰属権利者又は残余財産受益者）に残余の信託財産を承継することができます。

1-30　成年後見制度と信託

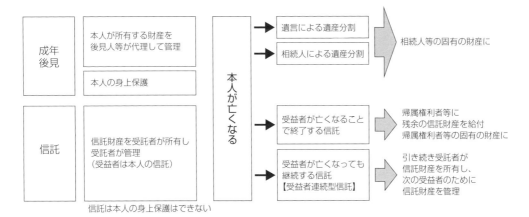

2-8 信託にかかる費用

質　問

家族信託を始めようとしたとき、どのくらいの費用がかかるのでしょうか？

解　説

1　信託開始までに関与する各専門家への報酬

信託を開始するまでの間に下図のような作業工程があり、それぞれの工程で専門家が関与して信託を作っていきます。

1-31　信託開始までの工程と関与する専門家

① 本人と家族の意向や資産の状況を把握し、信託スキームなどを検討するアドバイザーへの業務報酬

資産を所有する本人の希望を実現するにはどのような信託とすればよいでしょうか。本人の資産、家族の状況をふまえ、本人の希望を実現する信託スキームの検討などをアドバイザーが行う業務（「コンサルティング業務」ともいわれますが、本書では「アドバイザー業務」で統一します。）への報酬があります。アドバイザー業務を提供する人は弁護士法・税理士法などの業法に抵触しないよう業務内容を明確にして関与しなければなりません。

② 信託契約案を作成する者への報酬

アドバイザー業務で検討した信託スキームについて、信託契約案を作成する者への報酬があります。信託契約案の作成は、弁護士、司法書士、行政書士といった法律専門職が担います。資格を有しない者が安易に信託契約案を作成す

ることは業法に抵触するおそれもあることから控えるべきであり、必ず法律専門職が担うことが必要です。

③ 公正証書作成報酬

法律専門職が作成した信託契約案を公正証書にする際の公証人手数料があります。公証人手数料は信託財産額と公正証書枚数により報酬率が決められています（日本公証人連合会HP　https://www.koshonin.gr.jp/business/b10）。

❷　信託財産の分別管理、登記・登録をするための費用

信託が始まると、受託者は信託財産を受託者固有資産と分別して管理する必要があり、分別管理のための費用が発生します。

① 所有権移転と信託登記手数料（信託財産が不動産の場合の費用）

信託財産が不動産の場合、委託者から受託者へ信託を原因とした所有権移転登記と信託登記をする必要があります。受託者の不動産取得税と受託者への所有権移転の登録免許税は不要ですが、信託登記の登録免許税が必要です（「第2章2-2　信託設定時の流通税」106ページ参照）。登記手続きには司法書士の登記手数料がかかります。

② 信託口口座開設手数料

イ．信託財産が未上場会社株式の場合の費用

未上場会社株式を信託すると、発行会社の株主名簿の書き換えが必要です。

ロ．信託財産が上場会社株式などの有価証券の場合

有価証券を管理する専用の証券口座（証券会社の信託口口座）を開設する必要があります。証券会社で口座開設手数料がかかる場合、その費用負担が必要となります。

ハ．金融機関の口座開設手数料

信託財産を預金で管理するとき、金融機関に専用の預金口座（金融機関の信託口口座）を開設する必要があります。金融機関で口座開設手数料がかかる場合、その費用負担が必要となります。

1-32　信託をはじめるにあたり必要となる費用

費用の区分	報酬・手数料の支払い先
①　信託組成のアドバイザー業務報酬	信託を検討したアドバイザー
②　信託契約案の作成報酬	法律専門職
③　公正証書作成報酬	公証人
④　所有権移転・信託登記手数料（信託財産が不動産の場合）	司法書士
⑤　信託口口座開設手数料	金融機関、証券会社

2-9 家族信託の相談先

質問

信託は誰に相談するのがよいでしょうか？ また、同じ専門家ならどのような人に相談するのがよいでしょうか？

解説

1 資産管理と相続について一番初めに相談できる先は？

信託を作るには各分野の専門家の関与が必要です。特定の専門家だけでは完結しません。信託の活用を検討したいと思ったときには、資産管理や相続について相談しやすいと感じている身近な専門家に、まず相談するのがよいでしょう。

中小企業オーナーであれば、経営や法人の決算などでコンタクトのある税理士が、相談しやすい身近な専門家でしょう。顧問税理士が相続に詳しいようであれば、まず、顧問税理士に聞いてみましょう。顧問税理士が相続のことや信託に詳しくないときは、資産管理や相続に関する仕事をしている専門家で、親身に相談に乗ってくれる先に問い合わせてみましょう。金融機関やファイナンシャルプランナーなどが相談の候補となるでしょう。

地主であれば、所有する不動産の賃貸管理を任せている不動産管理会社や不動産登記で縁のある司法書士がよいでしょう。

身近な専門家で相談先がみつからないようであれば、弁護士に相談してみましょう。日本弁護士連合会でも問い合わせを受けています（https://www.nichibenren.or.jp/library/ja/activity/data/minjishintaku.pdf）。

2 信託する資産により相談する先を決めてみる

信託は財産管理の仕組みです。信託する資産について詳しい人に相談してみるのもよいでしょう。

① 信託する資産が不動産の場合

　賃貸不動産を所有している地主であれば、不動産管理会社や司法書士に相談してみましょう。不動産管理会社は、相続のことに詳しく法律専門職との連携がある先がよいでしょう。

② 信託する資産が未上場会社の株式の場合

　まずは税理士に相談してみましょう。税理士は税務の専門家のため、信託契約案の作成の業務はできませんが、相続に強みがある税理士は、弁護士や司法書士とも連携があり頼りになります。

　また、会社やオーナー自身の保険の窓口となっている保険募集人やファイナンシャルプランナーも相談の候補となるでしょう。保険募集人やファイナンシャルプランナーが、相続に関する知識を持ち、各分野の専門家と連携しているならば相談してみるのもよいでしょう。

③ 信託する資産が金融商品の場合

　証券会社の社員ではなく、金融商品仲介業として独立した存在で業務を行うIFA（独立系ファイナンシャルアドバイザー）と呼ばれる人もいます。相続の知識があり、不動産や税務などにも幅広い知識を持つIFAならば、相談するのもよいでしょう。

　上記のような各資産に関する専門家でも、信託は契約により行うことが多いため（「第1章1-5　信託のしかた　信託行為」16ページ参照）、弁護士、司法書士、行政書士といった法律専門職の関与は必須となります。そのため、各資産の専門家で、法律の知識があり、相続に関係する業務の経験が豊富な方に相談するとよいでしょう。

1-33　家族信託の相談先

日頃からコンタクトのある専門家

税理士

弁護士

ファイナンシャルプランナー
（保険募集人など）

金融機関

不動産管理会社

税理士

司法書士

信託を相談される専門家が知っておくべきこと

家族信託の活用方法

税金（相続税・所得税など）に関する
こと

相続に関する法律

不動産に関すること（管理、有効活用）

融資の実務に関すること

法律に関すること（信託法、民法、会
社法など）

一人で上記をすべてカバー
している専門家はいない

第2章　家族信託を活用するための基本

column

家族信託は誰に相談する？

　家族信託は誰に相談するのがよいのでしょうか？

　家族信託に詳しい人、家族信託の専門家、というのが答えなのでしょうが、詳しい人や専門家は誰なのでしょうか？

　内閣総理大臣の免許、登録、又は許可を得た、信託会社や信託業を行う銀行は信託の専門家です。信託会社や信託業を行う銀行は、信託のプロとして、相談者の意向や状況にあわせオーダーメイドに家族信託を作る相談に乗ってくれるでしょう。しかし、信託会社や信託業を行う銀行では、引き受ける財産に基準などがあり、残念ながらすべての相談者の状況に応じてオーダーメイドに対応することができません。

　では、家族信託を専門とし、身近に気軽に相談できる先はどこでしょうか？

　「家族信託　相談」とインターネットで検索すると、相談に乗ってくれそうな先がたくさん出てきます。実績○○○件、相談件数○○○件、と実績の多さを示しているところは、経験が豊富なので安心して相談できそうです。無料のセミナーや動画などの情報もたくさん提供されています。セミナーに参加してみたり、動画を見たりすれば、「なるほど、家族信託ってそういう風に使えばよいのか」と納得もできるでしょう。

　では、これらの公開された情報で家族信託を理解したみなさんは、最終的に誰に相談したらよいのでしょうか？

　相談先を決めるときのポイントとして、3点を挙げます。

　ポイント①：継続的に相談ができる先、ポイント②：法律、税、資産について専門分野があり、専門分野以外の情報についても幅広い情報を有していて、自身の専門分野以外の専門家と広く連携している先、ポイント③：信託する資産額に連動した料金体系ではなく、総合的なコンサルティングの対価としての報酬額を明確に提示している先、です。

　報酬については、なかなか難しい基準です。どう判断してよいか迷ってしまうかと思います。筆者の経験から、信託を検討し実際に開始するまでの時間は、資産額が多額でも短時間で終わるものや、資産額が少額でも多くの時間を要するものがあります。あくまでも筆者の私見ではありますが、対外的に資産額に対する一定比率で決まる報酬額には、少し違和感があります。

　家族信託は、法律、税金が関係します。財産管理の仕組みであるため、信託する資産の特徴に合わせた管理方法を考えることも必要です。法律・税金・資産管理と運用について総合的なアドバイスを提供する先が求められます。しかし、一人ですべての専門分野を網羅しているという専門家は、ほぼ存在しないでしょう。自身の専門領域に立脚し、自身の専門分野以外では、実績のある他の専門家と連携する体制がある先に家族信託を相談していただけたらと、筆者は考えています。

　こう考えると、資産額に対して一定比率で報酬が決まるのではなく、各専門家が担当する分野の報酬を積み上げて算出する報酬が妥当なのではないか

と、筆者は考えています。そのため、信託する資産額が少なくても、家族信託にかかる報酬がある程度高くなってしまうことも考えられます。

　一方、家族信託に関わる専門家は、AIの時代だからこそ、標準化できる業務は標準化し、それを共同利用することでコストを下げていくよう努めることが必要であると思っています。専門分野の業務はより強化し、標準化できるものは他の専門家と共有することで、効率化を図り、クライアントが負担するコストを下げる専門家同士の協力ができるとよいでしょう。

　超高齢社会の日本では、資産が高齢者に偏重しています。親から子へと継がれていく資産を、親が守るのではなく、子と連携し、家族の資産として親子でともに資産管理と承継を行っていく必要があります。すべての人がすぐに家族信託を必要とはしませんが、今後多くの人が家族信託を活用していくことになるでしょう。

　家族信託は資産を承継する仕組みでもあるため、家族信託を相談する方は、長く家族に伴走してくれるアドバイザーを探していただきたいと思います。身近で気軽に相談できる専門家で、多くの専門家とも連携している、そんな先が見つかるとよいでしょう。

　家族信託に関与する専門家には、信託業者に対するような規制は適用されません。規制も監視もないからこそ、家族信託のサービスを提供する専門家は、自律と自主規制が必要であると思っています。自立した専門家が、競争ではなく広く連携していくことで、家族信託を必要とする方々へのサービスの層が厚くなることを願っています。

中小企業オーナーの家族信託の活用法

第3章

3-1 自社株の承継対策に信託を活用する

ポイント

* 自社株の信託で、株式の財産権と議決権を分ける
* 受益者は財産権を持ち、受託者は議決権を持つ
* 受益者を中小企業オーナー、受託者を後継者とする信託
* 受益者を後継者、受託者を中小企業オーナーとする信託
* 信託した自社株は、中小企業オーナーの相続において、遺産とはならない

① 信託で株式の権利の一部を後継者に承継する

　株主は、①剰余金の配当を受ける権利、②残余財産の分配を受ける権利、③株主総会における議決権を有しています（会法105）。自社株を持つ中小企業オーナーは、株主として、有する株式一株につき一個の議決権を有しています（会法308）。

　中小企業オーナーが所有する株式が後継者に渡ると、後継者はそのときより、株式の権利をすべて持ちます。後継者は、対価を負担しないで株式を取得すれば、その時の株価に対して贈与税又は相続税が課税されます。株式を手放した中小企業オーナーは当然に議決権がなくなります。

　信託を活用し、議決権と、配当や残余財産の分配を受ける権利（以下、財産

権といいます）を分け、後継者には議決権のみ渡すことや、財産権のみを渡すといった定めをすることができます（「第1章1-8　信託の便利な機能①　資産の権利を分ける機能」25ページ参照）。

受益者を中小企業オーナー、受託者を後継者とする信託では、後継者に議決権のみを渡し、後継者に株式の管理、主に議決権行使を任せる信託です。

受益者を後継者、受託者を中小企業オーナー（委託者と受託者が同じ）とする信託では、財産権のみを後継者に渡す信託です。株価が今後もずっと高くなっていく中小企業オーナーは、この信託を利用することで、中小企業オーナーが議決権を持ったまま、課税の対象となる財産権を信託した時点で後継者に移転することができます（「第2編2-1　信託設定時の課税関係の基本」103ページ参照）。この信託を自己信託といいます（「第1章1-5　信託のしかた　信託行為」16ページ参照）。

1-34　株式の財産権と議決権を分け後継者にどちらかを渡す

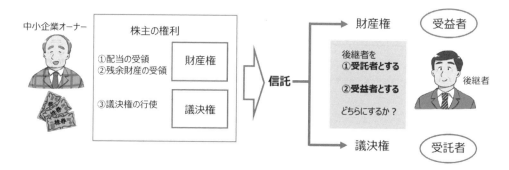

②　信託の終了により自社株を承継

受託者を後継者、受益者を中小企業オーナーとする信託において、受益者の死亡を信託終了事由にしている場合、中小企業オーナーの相続が発生すると、信託契約に定めた帰属権利者等に自社株が給付されます（「第1章1-7　信託はいつ終わる　信託の終了事由と信託の清算」22ページ参照）。帰属権利者等を後継者とすれば、中小企業オーナーの相続時に、速やかに後継者に自社株が承継されます。信託により、自社株は受託者に所有が移転し、中小企業オー

ナーの相続が発生したときも受託者が所有し続けています。そのため自社株は、中小企業オーナーの遺産に含まれません（「第1章1-9 信託の便利な機能② 資産を継ぐ機能」28ページ参照）。

　自己信託では、受託者の中小企業オーナーが亡くなったとき、判断能力が低下したとき、受益者と受託者が合意したときに終了するとして、信託終了時の帰属権利者等を受益者として、受益者である後継者に自社株を承継します。

1-35　後継者に自社株を承継する信託〔2例〕

自社株の議決権行使を途絶えさせないために信託を活用する

ポイント

＊　株主は、取締役の選任など重要な決議について議決権を行使する

＊　株主の判断能力が低下し議決権行使ができないと、重要な決議もできない

＊　自社株を信託することで、受託者に議決権行使を任せる

＊　議決権行使の指図者は、受託者に議決権の行使について指図できる

1　株主総会の決議

　株主総会は、株式会社の組織、運営、管理その他株式会社に関する一切の事項について決議することができます（会法295）。

　大半の中小企業は、社長がその会社の株式の多くを所有しています。

　大株主で社長という状況から、正式に株主総会を開催せずに会社の組織、運営、管理を決定しているケースも多いようです。法律に則って株主総会を開催しなくても、その中小企業のすべての中心である社長が元気で会社を経営している間は、大きな問題とはなりません。

　しかし、いざ社長の判断能力が低下したときには、一気にいろいろな問題が生じ、会社の運営に大きな障害となります。中小企業オーナーの健康状況が悪く判断能力が著しく低下すると、株主総会で決めたくても決められない事態が生じます。会社経営を後継者に任せてもしばらくの間は、後継者は先代のような求心力をもって経営できないでしょう。取締役の選任、取締役の報酬額の決定は、後継者以外の取締役とのパワーバランスを取る領域です。株主である中小企業オーナーの判断能力が著しく低下して議決権行使ができなくなれば、定足不足で株主総会の開催もできなくなりかねません。

普通決議	決算承認、剰余金の配当、自己株式の取得、取締役や監査役の解任・選任、役員報酬の設定、剰余金の額の減少や資本金などの変更　など
特別決議	特定の株主からの自己株式の取得、譲渡制限株式の買い取り、相続人等への株式売り渡しの請求、募集株式の募集事項の決定、株式の併合、会社の合併・分割、定款の変更　など
特殊決議	発行する株式の譲渡を制限する定款の変更、合併契約を締結する場合の承認　など

❷　受託者が議決権行使

　中小企業オーナーが所有する自社株を信託し、受託者が自社株の管理・処分権を持ち、議決権行使を行います。受託者を後継者とすれば、後継者が株主となり議決権を行使します。中小企業オーナーの判断能力が著しく低下したとしても、信託の利用で、議決権行使ができ、株主総会の決議ができます。

　しかし、中小企業オーナーがまだ元気な間は、自身で議決権行使をしたいと思うでしょう。後継者に会社を任せると決めたものの、心配な部分もあり、自身のもとに議決権を確保したい中小企業オーナーは多いと思います。

　このようなケースでは、中小企業オーナーを議決権行使の指図者として、受託者に議決権行使の指図をすることを信託契約に定めます。受託者の後継者は、指図者の指図に従い、議決権を行使しなければなりません。将来、中小企業オーナーの判断能力が著しく低下したときには、指図することができなくなり、受託者が議決権を行使します。

　自社株を後継者に贈与すれば、後継者に贈与税の負担がかかります。信託は、受益者を中小企業オーナーとすることで、後継者の贈与税の負担なく株主を後継者にすることができます（「第2編2-1　信託設定時の課税関係の基本」103ページ参照）。そして、中小企業オーナーは議決権行使の指図者として議決権行使に関与し続けることができます。

1-37　自社株信託の議決権行使

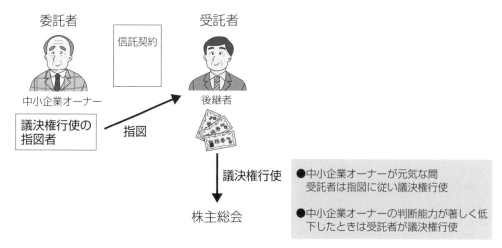

3-3　自社株の分散防止に信託を活用する

ポイント

* 中小企業オーナーの相続において、信託を活用すると、配当を得る権利は相続人に分け、議決権は後継者に集中することができる
* 少数株主が持つ自社株を信託することで、受託者に自社株をまとめることができる

1　後継者以外の相続人にも株式を相続したいという中小企業オーナーの希望があるとき

　すべての子たちに配当を与えたいという意向から、相続で、後継者以外の子にも株式を相続したいという中小企業オーナーもいます。

　事業承継の主な目的は、後継者に自社株を集中することであるため、このような中小企業オーナーの意向でそれぞれの子たちが自社株を相続すると、後継者の議決権は分散され、後継者の会社経営にはよい話ではありません。

　信託の「資産の権利を分ける機能」（「第1章1-8　信託の便利な機能①　資産の権利を分ける機能」25ページ参照）と「まとめる機能」（「第1章1-10　信託の便利な機能③　まとめる機能」31ページ参照）を活用することで、子たちそれぞれが株式を相続し配当を得ていくことと同様の効果を作り出すことができます。

　後継者を受託者とし、当初の受益者を中小企業オーナーとします。中小企業オーナーが亡くなったときには、信託は終了せず、子たちが次の受益者となる信託とします。この信託の利用で、財産権を後継者以外の子たちにも与えて、議決権を後継者のみにまとめることができます。

　当初の受益者である中小企業オーナーが亡くなることを信託の終了事由としない信託として、信託契約に、次の受益者を指定する受益者連続型信託（信法

91）とします。受益者連続型信託ではなく、中小企業オーナーが別途遺言を作成し、遺言により受益者を指定する（信法89②）こともできます。中小企業オーナーが亡くなった後も、後継者と後継者以外の子たちを受益者として継続する信託は、信託が終了するまで、受託者が株主として議決権を行使します。中小企業オーナーの相続時では、議決権が後継者以外の子たちに分散しないため、後継者の経営は安定します。

　しかし、この信託は、受益権が後継者以外の子たちに分散しており、課税の問題や株式分散の問題をはらんでいます。どのようなときに終了し、終了したときの残余の信託財産は誰にどのように帰属するのかを、信託検討の時点でしっかりと検討して導入することが必要です。

1-38　後継者以外の相続人も自社株の財産権を得る

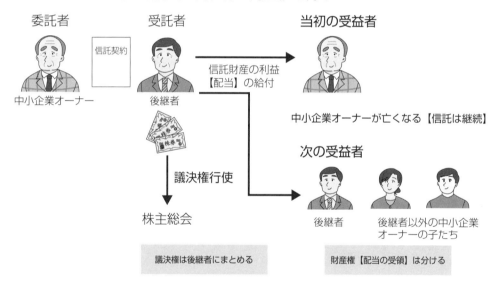

②　少数株主が株式を信託する

　歴史のある会社には、親族株主が多数いることがあります。親族に相続が発生するたびに株式は亡くなった親族の相続人に分散し、さらに株主が増えていきます。親族といえども少数株主が増えていくことは、中小企業オーナーや後継者にとって好ましいことではなく、少数株主の整理はとても重要なテーマです。

このような少数株主問題に対応する１つの方法として、信託の活用があります。少数株主それぞれが委託者兼受益者となり株式を受託者に信託します。少数株主は受益者として信託前と同様に配当を受領します。議決権は受託者にまとめ、受託者が行使する「信託のまとめる機能」（「第１章１-10　信託の便利な機能③　まとめる機能」31ページ参照）を活用します。受益者の親族が亡くなっても信託が終了しない仕組みとすれば、受益者が次の親族になっても、引き続き議決権は受託者にまとめられます。

　この信託にも難しい課題があります。「受託者を誰とするか」、「親族受益者が亡くなったときには次の受益者をどのように定めるか」の２点です。受託者を後継者とすると、後継者の意図する議決権行使が行われ受益者との利益相反が起こる可能性があります。また、次の受益者を指定する受益者連続型信託では、次の受益者が前の受益者より先に亡くなることなども想定しなければならないことから信託契約の定め方が非常に難しくなります。親族に分散している株式を受託者にまとめる信託は、難度が高く、個別に十分な検討が必要です。株式が分散し多数の少数株主がいる中小企業すべてで利用できる信託ではないため、検討する際は、実績のある専門家に相談することをお勧めします。

1-39　小数株主の株式を受託者にまとめる

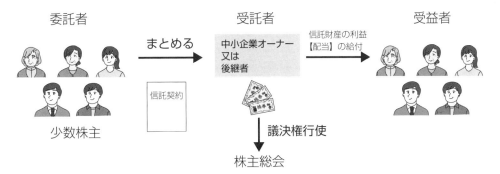

column

自社株の承継に自己信託を活用する

多くの家族信託は、資産を所有する本人の判断能力が低下することに備えて設定されます。

中小企業オーナーが所有する自社株についても、中小企業オーナーの判断能力が著しく低下し、株主総会で議決権の行使ができなくなることを防ぐために、受託者を後継者とする信託を利用することがあります。

超高齢社会で資産が高齢者に偏重する日本では、認知症対策として家族信託を用いることは、高齢者本人の生活や療養等のために、高齢者が所有する資産の凍結を防げるためとても有効です。本書でも説明した、信託により資産の権利を分け、受託者に管理・処分を任せることが、認知症対策としての家族信託の利用法です。

さて、信託の資産の権利を分ける機能は、認知症対策としてしか使えないのでしょうか？

本書では、自社株を信託財産として、管理・処分権を持つ受託者を委託者である中小企業オーナーとする自己信託の仕組みを紹介しました（16ページ、64ページ参照）。委託者の中小企業オーナーが、自身が持つ自社株を自身の固有財産から切り離し、信託財産として自身が管理する仕組みです。信託財産についての目的を実現するために、自身が受託者として受益者のために信託財産を管理していきます。

では、中小企業オーナーが、自己信託を利用して実現したいこととは、何なのでしょうか？

信託は、資産管理と承継の仕組みであることも本書で説明しています。受託者が信託財産である自社株を管理することで、さらに自社株の価値を高めて後継者に承継する、ということが自己信託の利用目的なのだろうと筆者は考えています。

今の価値で渡すのではなく、受託者が管理することでもっと高い価値にして帰属権利者等の後継者に自社株を渡す。中小企業オーナーが健康で判断能力に問題がないときは、自社の価値を一番高めることができるのは中小企業オーナーです。資産を所有している本人の認知症対策ではなく、本人が一番管理・処分能力が高いことを利用して行う自社株の自己信託は、中小企業の自社株承継対策にも有効だろうと筆者は考えています。

信託の税務面では、受益者が委託者ではない他益信託（受益者を後継者にする）のため、信託を開始したときに受益者に贈与税が課税されてしまいます。この贈与税課税が自己信託の課題です。

しかし、信託設定時の自社株の株価が低く、今後は株価がずっと上昇していくことが予想されるときには、課税の問題はどうでしょうか？

後継者は信託設定時に贈与税課税されるものの、信託設定時の株価が低ければ、信託期間中に配当が得られることと、将来の相続税の負担を考慮すると、自己信託することで、税務上のメリットが得られるかもしれません。

相続時精算課税制度を使い後継者が贈与税を負担し、相続が発生したとき

に信託設定時の株価で相続税額を算出することの方が、後継者の税負担は少なくなる可能性があります。

　後継者は決定したものの、中小企業オーナーはまだ若く、事業承継はまだかなり先で、経常的に利益が出ることが予測される中小企業ならば、信託設定時の課税上のデメリット以上の効果が期待できます。

　もちろんシミュレーション通りにはいかないかもしれませんが、計画的なタックスプランをふまえて、自己信託の活用を検討することは、事業承継における1つの手段だと筆者は考えます。

地主の家族信託の活用法

第4章

4-1 不動産の処分に信託を活用する

ポイント

* 不動産を所有していると、財産権の変動や性状を変えること【処分】が生じる
* 不動産の所有者が判断能力を著しく低下させると、不動産の処分ができなくなる
* 信託を活用して、自宅を売却し、療養資金を確保する
* 不動産を買う・売る・組み替えるに対応する信託

① 処分とは

「処分」とは、財産を売却することで財産権の変動を生じさせることや、財産の現状又は性状を変える行為をすることをいいます。

不動産の所有者が、その不動産を他人に売却し、対価として得た資金を預金や有価証券に投資するなどで運用し、金利や配当を得ることや、不動産を売却して得た資金で他の不動産を買うこと、古くなった建物を建て替えることは、起こりうることです。所有する財産について、財産権の変動や現状・性状を変える行為は連続して起こることがあります。

1-40　不動産を売却して

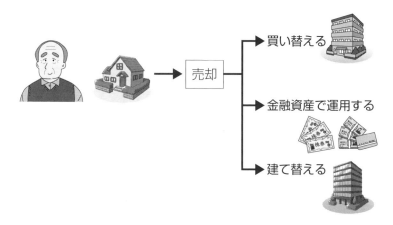

② 意思能力を有さない人の法律行為は無効

　財産の所有者の判断能力が著しく低下すると、財産について必要な処分が難しくなります。不動産の売却は、譲渡する相手と売買契約を結び行います。所有者の判断能力が著しく低下し、意思能力を有さない状況になると、法律行為は無効となるため（民法3の2）、売買契約は無効となり、不動産の売却ができなくなります。

　目的があり、不動産を売却・換金し、その資金を使いたくても、売却不可能のため目的の実現ができません。生活や療養のためなど生きていくうえで必要ではないことであれば、やむを得ず我慢することもできますが、生きていくために必要な資金を確保したい場合、大いに困ってしまいます。

③ 自宅を売却し療養資金を確保する

　元気なうちは自宅で過ごし、身体に問題が生じてきたら、施設で暮らすことの選択を望む人も今後増えると思います。自宅は本人や家族にとって一番居心地のよい場所であるため、施設で暮らすことの必要が生じるまで、自宅での生活を希望する人も多いと思います。

　子に持ち家があり、本人の自宅に将来住む人がいないようなときには、自宅を売却して施設に入居する資金を確保することを選ぶ人もこれから増えていくと思われます。しかし、本人の判断能力が著しく低下してしまうと、自宅売却

が不可能になることがあります。

　このように将来自宅を売却して施設の入居資金や療養資金に充てることを考えている方には、家族信託の利用が有効です。自宅を信託財産として、受託者が自宅を処分し、換金した資金を本人のために受託者が管理することができます。このような自宅売却のための信託は、今後その利用を希望する人が増えると思われます。

❹　不動産の処分についての家族信託のニーズ

① 　新たに買う

　所有する有価証券を売却し、不動産を購入するといった、資産の内容を変えて税法上の評価方法を変えることを望む人は家族信託を活用するとよいでしょう。

　高齢の資産家で相続対策のために不動産を購入したいというニーズにも、家族信託は対応できます。

② 　将来売却する

　経済環境が良くなったときに売却を望むものの、経済環境の好転までに時間がかかることが見込まれるときには、家族信託を活用するとよいでしょう。売却までに長い時間がかかったために、資産を所有する本人の判断能力が著しく低下してしまっても、受託者が信託された不動産を売却することができます。

③ 　資産ポートフォリオの内容を組み換える

　不動産を買い替える、不動産から他の資産で運用することを望むとき、資産ポートフォリオの内容を組み換えることに家族信託は活用できます。

④ 　大規模修繕

　不動産の大規模修繕は、資産の現状・性状を変える処分にあたります。賃貸建物の価値を維持するため、将来に行う大規模修繕を受託者に任せるという家族信託のニーズがあります（「第4章4-3 不動産の価値の維持に信託を活用する」82ページ参照）。

⑤ 　建て替える

　建物が老朽化すると建て替えも必要となります。建ててから年数が経過した

古い建物を所有する高齢の地主には、建て替えを受託者に任せるという家族信託のニーズがあります（「第4章4-3　不動産の価値の維持に信託を活用する」82ページ参照）。

1-41　不動産処分についての家族信託のニーズ

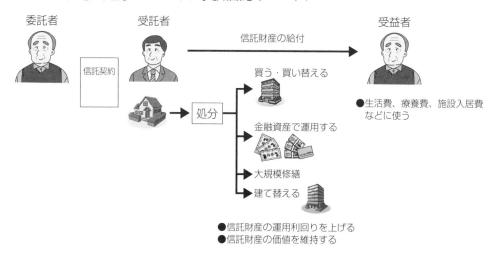

委託者　　　　受託者　　　　　　　　　　　　　　　　　　　　受益者

信託財産の給付

信託契約

買う・買い替える

処分

金融資産で運用する

大規模修繕

建て替える

●生活費、療養費、施設入居費などに使う

●信託財産の運用利回りを上げる
●信託財産の価値を維持する

4-2 不動産の承継に信託を活用する

ポイント

* 信託を活用し、賃貸不動産を配偶者に相続することで生じる問題を解決する
* 共有している不動産に信託を活用する
* 相続で生じる共有問題を解決する信託

1 賃貸収益の配偶者への承継

　地主が所有する不動産のうち、自宅等の自用以外の他者に賃貸する不動産の収益を配偶者に承継したい意向があるときには、信託の活用が有効です。

　地主が亡くなり、賃貸不動産を配偶者に相続させる旨の遺言があると、賃貸不動産を相続した配偶者が、以後の賃貸事業を行っていきます。しかし、地主の相続が発生した時点で配偶者の判断能力がすでに低下していると、配偶者は自身で賃貸不動産を管理・処分することが難しいでしょう。

　相続税（相続税における配偶者の税額軽減）や地主亡き後の配偶者の生活資金の確保の観点から、配偶者に賃貸不動産を相続させることがよいと思い、地主が遺言を作成したものの、配偶者が地主のように賃貸事業を継続することができなければ、相続した賃貸不動産の管理・処分に大きな課題が生じます。判断能力を欠き、法定後見制度を利用する場合、後見人が賃貸不動産の管理をするものの、賃貸不動産の価値を維持するための修繕を柔軟に行えず、賃貸不動産の収益力が落ちることも考えられます。信託を活用し、地主亡き後も引き続き賃貸不動産の管理・処分を受託者が行える仕組みを作っておけば、賃貸収入を維持でき、配偶者の老後生活も安定します。

1-42　遺言による不動産承継と信託による不動産承継

地主

遺言

今から
○○年後

地主の相続時
配偶者の判断能力が低下していると
不動産の管理が難しくなる

委託者

地主

信託契約

受託者

信託財産の利益
【家賃】の給付

当初の受益者

地主が亡くなる

次の受益者

地主の相続時
配偶者の判断能力が低下していても
受託者が不動産を管理しているので問題なし

② 共有相続を防ぐ

　代々にわたり承継している不動産について、複数の相続人が共有するかたちで相続しているケースをよく見かけます。家族仲が良く、今後も揉め事は生じないだろうとの思いや、相続税への対応からの遺産分割の結果が、不動産の共有状態を招いているのかもしれません。

　今後、一切処分することがなければ、不動産を共有していてもよいでしょう。しかし、時代が変わり、経済環境が変わっていくなかで、その不動産を売却する場合や、抵当権を設定し資金調達をする場合などには、共有者全員の同意が必要です。全員の仲が良く、判断能力に問題がなければ、手続きに問題はありませんが、1人でも判断能力が欠けた人がいると、共有不動産の処分等は一切できません。

　高齢の方が共有している不動産では、共有者それぞれが不動産の持分を信託し、管理・処分を受託者に任せることができます。相続時に共有ではなく、複数の相続人が信託の受益権を得ることで、管理・処分は受託者に任せ、相続時に共有不動産を生じさせないようにすることもできます。

1-43　不動産の共有対策として活用する信託

委託者　　　受託者　　　当初の受益者

信託契約

信託財産の利益
【家賃】の給付

地主が亡くなる

次の受益者

地主の子たち

信託財産の利益は子たちに分ける

委託者　　　　　　受託者　　　　　　受益者

信託契約

信託財産の利益
【家賃】の給付

夫婦で不動産を共有

共有者が当初の持分に
応じた受益権を持つ

4-3 不動産の価値の維持に信託を活用する

ポイント

* 信託を活用し、受託者が経年劣化していく賃貸不動産の価値を維持する

* 信託は、賃貸収入を管理する預金口座の凍結を防ぐことができる

* 修繕に向けた資金準備や資金調達を受託者が行う

1 経年劣化する賃貸不動産の価値を維持する

　賃貸需要に応じて建物の状態を維持することはとても重要です。今後も空室を出さず、家賃を下げることなく維持するにはどうするか？　なかなか難しい問題です。不動産オーナーは、常に建物の価値の維持に関与し続けなければなりません。

　建物を建築したばかりなら、あまり手間がかかりませんが、アパートは、建築して15年経過するあたりから、外壁や屋上の塗り替え、張り替えなど大規模な修繕が必要となります。大規模修繕は、あらかじめ長期計画を作成し、計画と建物の現状を見比べながら、対応を進めていかなければなりません。修繕を委託する業者から見積りを取り、その内容を見比べ、内容にあった金額かを判断して、妥当な費用で修繕することが必要です。費用の削減は建物の利回りにも影響します。

　修繕資金も、受け取る家賃の一部を修繕積立金として区分・管理し、将来に向けて積み立てていかなければなりません。

　一概に修繕といっても、さまざまな判断が要求されます。それを高齢になり判断能力が低下した人が行うことはかなり難しいことでしょう。修繕の確実な実行を確保するために、信託を活用することは有効です。

1-44　賃貸不動産の修繕に対応する信託

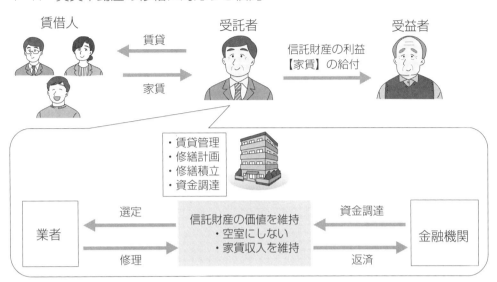

2　地主が認知症になると預金口座が凍結されてしまう

　将来の修繕に向けて、家賃収入から計画的に資金を積み立てることが必要です。預金口座から毎月自動で引き落とし、定期預金で修繕積み立てをする用意周到な地主もいるでしょう。

　しかし、そのような地主でも認知症になってしまうと、定期預金で積み立てた資金を引き出せなくなってしまいます。地主が判断能力を欠いた状況になれば、預金を引き出すために、法定後見制度の利用が必要になります。法定後見制度のもとでも最低限の修繕は可能なものの、家賃の低下を防ぎ、空室を増やさないための速やかで柔軟な対応が難しくなります。

　さらに、十分な積み立てができておらず修繕資金が不足する場合、法定後見制度では、抵当権を設定して金融機関から融資を受けることができません。

3　修繕や建て替えに対応する信託

　賃貸不動産の土地と建物を信託し、受託者が家賃収入を管理し、計画的に修繕や建て替えのために資金を積み立てすることで、賃貸不動産の価値の維持のために、柔軟に対応することができます。

　修繕や建て替えのために、信託財産に抵当権を設定し、金融機関より借入れ

　することができるよう、受託者の権限を信託契約に定めておきます。受託者は信託財産の価値を維持する修繕や建て替えにも対応することができます。

　　信託を利用することで、賃貸建物の価値を維持し、良い資産状況のまま後継者へと承継することができます。

4-4 不動産の相続対策に信託を活用する

ポイント

* 信託を活用し、受託者が資金を調達し、新たに建物を建築する
* 賃貸事業は検討することや行うことが多く、高齢の地主がすべてを行うのは大変
* 新たに始める賃貸事業を受託者に任せて、地主の相続対策を行うことができる

❶ 受託者が信託財産を有効活用し相続対策を行う

　不動産を信託財産とする信託は、その不動産の管理や承継にとても有効なツールです。さらに信託は、信託財産に抵当権を設定し、受託者が資金調達し、その資金で新たな資産を作ることもできます。

　所有する土地に抵当権を設定し、金融機関より資金を借り入れ、賃貸建物を建築する相続対策を行う地主は多いでしょう。更地の土地に賃貸建物を建築することで、賃貸建物が建つ土地の相続税評価額は、更地のままの相続税評価額より低くなります。さらに金融機関から借入れをすることで、地主の相続時に残債務を相続財産から控除することもできるため、更地に賃貸建物を建築する相続対策（地主が賃貸事業を行う）は、これまでに多く行われてきており、今後も引き続きこの方法を利用したいと考える地主がいることと考えられます。

1-45　地主の相続対策

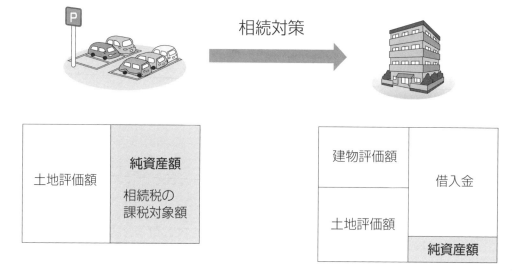

このような賃貸事業を行う相続対策の実行には、所有する土地周辺の賃貸需要を予測し、賃貸建物建築のプランを検討し、そのプランを実現するために金融機関と交渉して資金調達し、賃貸建物の建築業者と契約し、建物を建築し、完成した後に入居者を募集し、賃貸契約し、そして賃貸料を管理し、空室を増やさないよう賃貸建物を維持していかなければなりません。

しかし、地主は高齢になると、これらをすべて自身で行っていくことはとても負荷が大きく、相続対策をしたくても躊躇することもあるでしょう。

1-46　相続対策で賃貸事業を始めるには行うことが多い

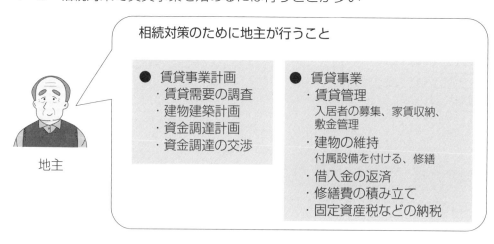

信託を利用し、土地と金銭を信託財産として、その資産をもとに受託者が賃貸事業を行っていくことができます。子に良い資産を承継したいという地主の意向をふまえ、安定した賃貸事業を受託者が行うことで、結果として地主の相続税対策にもつながります。信託を活用することで、地主の資産を良い形で次世代へと承継する相続対策の実現が可能となります

1-47　新たに始める賃貸事業を受託者に任せる

委託者

信託契約

受託者

受託者の信託事務

● 賃貸事業計画
・賃貸需要の調査
・建物建築計画
・資金調達計画
・資金調達の交渉

● 賃貸事業
・賃貸管理
　入居者の募集、家賃収納、
　敷金管理
・建物の維持
　付属設備を付ける、修繕
・借入金の返済
・修繕費の積み立て
・固定資産税などの納税

column

配偶者のための賃貸不動産の管理・承継

　高齢の方が所有する賃貸不動産の管理と承継の方針を、なるべく早い時期に決めるとよいでしょう。

　賃貸不動産を所有する本人が、その方針を決めなければなりませんが、資産はいずれ家族へと継がれるものです。是非、家族と一緒にいろいろとお話をしてみてください。

　家族信託は、賃貸不動産を所有する本人が、高齢により判断能力が低下したときでも、家族の受託者が、継続して信託財産の管理ができる、家族のための仕組みです。その仕組みをうまく使い、家族への資産承継について、家族で検討してみてください。

　特に、賃貸不動産の所有者が、配偶者のための賃貸不動産の管理・承継を考えているときには、家族信託の利用をまず検討してみてください。まだ健康で信託の利用は必要ないと考える人が多いのですが、本人が健康なときだからこそ、受託者に賃貸不動産の管理方法を教えることができます。

　信託すると、不動産の所有権は受託者に移転するので、委託者本人は信託開始以後一切、信託財産である賃貸不動産の管理に関与できなくなると考えてしまいがちですが、そうではありません。賃貸不動産に関する契約は受託者が行いますが、賃貸事業を将来にわたり安定して継続するために、委託者が当初は受託者をサポートしながら管理を任せていくのがよいと、筆者は考えています。

　将来、委託者が高齢になり不動産の管理が難しくなったとき、受託者はこれまでの経験から賃貸不動産を万全に守っていくことができます。委託者の相続が発生したときには、次の受益者を配偶者としておけば、配偶者のために受託者が賃貸不動産を管理し、その収入を配偶者に給付することができます。

　夫と妻のどちらが先に亡くなるかはわかりませんが、女性は長生きで、認知症になる率も男性に比べて高いです。夫の相続で賃貸不動産を相続した妻は、早い時期に信託を検討していただきたいと思います。

　信託は、資産の管理とともに承継ができる仕組みです。賃貸不動産を所有している夫が亡くなり、遺言がなかったときには、相続人による遺産分割が必要です。どんなに仲の良い家族でも、夫が亡くなったときに妻の判断能力が不十分になっていたら、遺産分割のために後見制度の利用が必要となります。信託で、配偶者のための賃貸不動産の承継と管理ができれば、家族も安心です。

　配偶者がすでに判断能力が不十分なため、信託の利用が必要な地主の方の信託組成に筆者が関与させていただいた事例では、検討中に地主の方が突然亡くなってしまい、残された配偶者の資産管理が難しくなってしまったことがありました。もっと早く仕組みが導入できていたらと、とても悔いる思いをした経験から、多くの方々に、資産の管理と承継について、是非早いうちに方針を決めていただきたいと思っています。

第2編

家族信託の税務の基本

受益者等課税信託

第1章

1-1 課税の基本的考え方

ポイント

* 家族信託の基本は受益者等課税信託です
* 受益者等課税信託では受益者等に課税がされます
* 受益者等がそれ以前の受益者等と同じ場合には財産の移動はありません。そこで、課税はありません
* 受益者等がそれ以前の受益者等とは相違する場合には課税関係が生じます

❶ 受益者に課税が原則

　信託とは、信託をする者（委託者）が信託契約や遺言の方法により、受託者に対して財産を移転し、受託者は委託者の定めた信託目的に従って、受益者のために信託財産の管理・運用・処分などの行為をすることをいいます（信法2①）。

　税法では、信託の設定による財産の移転という形式ではなく、信託の実質に着目し、実質所得者課税の原則により課税を行います（所法13等）。受益者等課税信託では収益発生時に受益者に課税を行うということです。

2-1　基本の課税関係

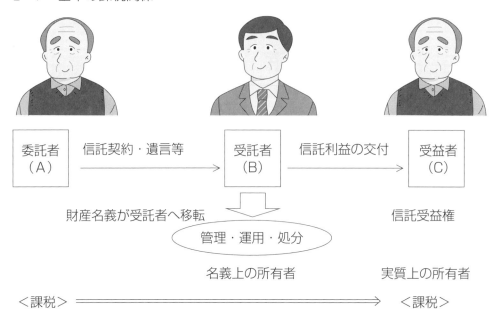

② 税制上の信託の分類

　信託課税では大きく、①受益者等課税信託、②法人課税信託、③集団投資信託の3つのカテゴリーに分けられます。家族信託の課税は原則として受益者等課税信託を想定していれば良いのですが、「受益者等が存在しない信託」の場合は、例外として法人課税信託として扱われることになります（法法2二十九の2）。

家族信託の原則

受益者等課税信託	法人課税信託	集団投資信託等
受益者が信託財産を有するものと擬制して課税する	受託者（法人とみなす）が信託財産を有するものと擬制して課税する	信託に関する収益が受益者に分配されたときに受益者に課税する

　受益者等課税信託での納税義務者は、受益者等ですが、法人課税信託に該当すると税の負担者は受託者になりますので、避けるように注意します。

1-2　税務上の受益者等

ポイント

* 税務上の受益者は現在受益者としての権利を有する者に限られます
* ただし租税回避の観点から、受益者とみなす者を追加しています
* 所得税・法人税ではみなし受益者で、相続税では「特定委託者」です

1　税務上の受益者

信託法の改正により、いろいろな類型の信託を組成することができるようになりました。そこで、信託法上の受益者がそのまま税法上の受益者になるのではなく、税法上の受益者は「受益者としての権利を現に有するものに限る」と範囲を狭めています（所法13、法法12）。

例えば、信託契約において、孫が20歳になることを条件に信託財産の給付を受ける権利を生じさせるような条件を付けた場合、20歳になるまでは「現に有する者」にはなりません。

そして、「残余財産受益者」は含まれますが、「帰属権利者」「委託者の死亡の時に受益者となるべき者」「委託者の死亡の時以後に信託財産に係る給付を受ける受益者」は「現に有する者」ではないと定められています（所基通13－7、法基通14－4－7）。

2　みなし受益者も含む

また逆に信託法上の受益者には該当しませんが、「みなし受益者」として税法上の受益者の範囲を広げて受益者とすることにされました。

2-2　税法上の受益者

税法上の受益者 ＝ 信託法上の受益者 ＋ みなし受益者
（相続税法では特定委託者）

　「みなし受益者」とは、①信託の変更をする権限（軽微な変更を有する権限を除く）を現に有し、かつ、②その信託の信託財産の給付を受けることとされている者（受益者を除く）、とされており、所得税法、法人税法では受益者として扱い、「受益者等」として課税対象を広げています（所法13②、法法12②）。相続税法ではみなし受益者のことを「特定委託者」と定義しています（相法9の2①⑤）。

2-3　みなし受益者・特定委託者

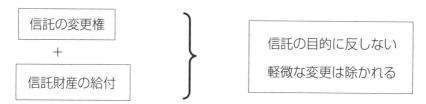

※みなし受益者に該当しないようにするには信託契約書に明記する。

　この「みなし受益者・特定委託者」という概念は、上記の法令により定義されているだけで、通達等により詳細にまで踏み込んだ見解は公表されていません。そのため家族信託の組成にあたっては、みなし受益者に該当するかを慎重に検討する必要があります。

1-3 資産及び負債ならびに収益及び費用の課税

ポイント

* ＊ 信託財産に属する資産・負債は受益者が有するものとみなされます
* ＊ 信託財産に帰せられる収益及び費用は受益者の収益及び費用とみなされます

① 信託財産に属する資産・負債

　受益者等課税信託の課税については、受益者が信託財産に属する資産・負債を直接有するものとみなされ、その受益者に対し、課税が行われます（所法13①、法法12①）。

　そして、受益者の変更（受益権の移転）の原因別で課税方法が異なります。

2-4　受益者の変更による課税

受益者の死亡

前の受益者

受益権

次の受益者

新受益者に相続税

2-5　受益権の無償譲渡

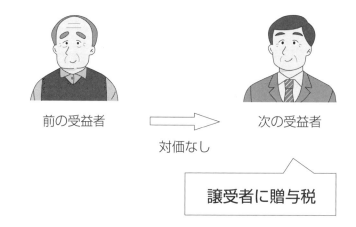

前の受益者　　　　　　　　次の受益者

対価なし

譲受者に贈与税

2-6　受益権の有償譲渡

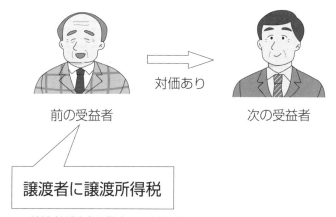

前の受益者　　　　　　　　次の受益者

対価あり

譲渡者に譲渡所得税

※譲渡者が法人か個人か、低額譲渡か否かにより課税関係は異なります。

❷　信託財産に帰せられる収益及び費用は受益者の収益及び費用とみなされる

　その資産・負債から生ずる収益・費用も受益者に帰属するとみなし、受益者が個人であれば所得税、法人であれば法人税が適用され、受益者が申告することになります。受託者は信託された財産を預かっているだけとみなされ、受託者に対しては課税されません。

　信託財産から生じる所得があれば、たとえ受託者から受益者にその所得が渡って（仮に支払われて）いなくても、権利が発生した時点で受益者の所得として課税されることになります。

2-7　賃貸不動産の場合の損益と給付

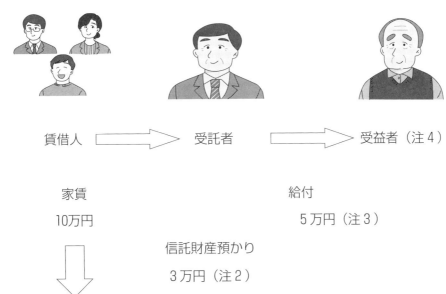

賃借人　⟹　受託者　⟹　受益者（注4）

家賃　　　　　　　　　　　　給付

10万円　　　　　　　　　　5万円（注3）

信託財産預かり

3万円（注2）

収益金額（注1）

（注1）　税務上の収益として申告します。

　　　　ここから経費等を差し引いた金額が所得となります。

（注2）　受託者は受託者として信託財産を管理する専用の預金口座により管理しま

　　　　す。将来の修繕等に備えるために、信託契約にそって管理します。受益者の

　　　　ために、必要があれば支出をします。

（注3）　受託者は信託契約に従って受益者に給付します。

　　　　月々のような定額給付の他、介護施設への入所費用等臨時の支出にも対応

　　　します。

（注4）　受益者は受託者からの計算書等に基づいて、所得税を申告します。

　　　　経費が2万円とすると、8万円の所得となります。

1-4 相続税・贈与税関係

ポイント

* 受益権がどのように移動したかにより課税が生じます
* 最初は自益信託で設定することが通常です
* 他益信託にすると、その時から課税関係が生じます

❶　相続税の基本

　信託の税金では、所得税や法人税のほかに相続税法も大きく係わっています。信託の仕方には「自益信託」と「他益信託」の方法があり、相続税・贈与税ではそれにより取り扱いが異なっています。

　信託の効力発生時に、委託者と受益者が同一人の信託（自益信託）の場合には、実質的な財産の所有者に変更がないため課税関係は生じません。しかし、委託者と受益者が別人である信託（他益信託）では財産の実質的・経済的な所有権が委託者から受益者に変更になるため、適正対価の有無等に応じて、一定の課税関係が生じます。

　また、信託設定後において受益者等が変更される場合もありますが、その場合には新たな受益者等は委託者や別の受益者等から信託に関する権利を贈与（又は遺贈）により取得したものとみなされ、贈与税（または相続税）の課税を受けることになります。

　信託行為において、受益者を設定したり、変更したりする場合には、特に贈与税や相続税には十分に留意しなければなりません。

❷　自益信託と他益信託に対する課税

●自益信託に対する課税

　委託者と受益者が同一である場合、このような信託を「自益信託」といい、

実態は委託者（すなわち受益者）が受託者に資産の管理等を委託しているのと同じと考えられるため、信託による委託者から受託者への資産の移転は、課税上委託者にとって資産の譲渡にはあたらないこととされています。したがって、課税は生じません（所基通13－5）。

税法上は受益者である委託者が資産を所有し続けており、例えば、受託者が賃貸ビルを建設し、賃貸したとしても、受益者（委託者）が建設・賃貸したものとして取り扱われます（所法13①）

例えば、不動産所有者が高齢化して判断能力が少し低下することに備えて、委託者の財産管理のために用いられる手法が想定されます。

●他益信託に対する課税

自益信託と異なり、委託者（父）≠ 受益者（息子）であるような場合の信託のことを他益信託といいます。父が自分の資産を受託者に託して、息子のために運用管理を任せることができる手法です。

実務では上記のように受益者を後継者等にする信託はあまり利用されてはいません。それは他益信託にすることにより、受益者に受贈益課税が行われてしまい、税負担が大きくなるからです。父から息子のように個人から個人への他益信託は贈与税課税が行われます（相法9の2①）。不動産について信託を利用する場面でも、やはり当初受益者は委託者以外の者にするケースは理由がな

いとあまり行われていないでしょう。

🔳 3　自己信託に関する課税

遺言代用信託や遺書信託では、自分の財産を他人に託する行為が前提となっていましたが、委託者（父）＝ 受託者（父）のように委託者が受託者となる類型もあります（「第1編1-5　信託のしかた　信託行為」16ページ参照）。ある時から、自分の所有するこの財産は信託財産として別扱いとすると宣言するもので、信託宣言あるいは自己信託といわれます（信法3③）。

注目するべきところは、受益者です。自己信託は委託者と受託者が同一であることですので、受益者が委託者か委託者以外かで、自益信託か他益信託の課税関係となります。この設例では自益信託で設定されていますので、その時点での課税は行われません。

しかし、設定当初自益信託で出発しても、途中で受益者が変更された場合には、他益信託に該当し、課税が生じることになります。

なぜこのような信託を設計するのかには理由があります。経営している会社の株価が高いので、いますぐに息子に贈与すると税負担は大きくなってしまいます。しかし、近いうちに自分が引退して退職金を出せば株価が大幅に下がるので、そのタイミングで受益権を贈与すれば、贈与税の負担を減らすことができます。

ただし、受託者が受益権の全部を保有する状態が1年間継続する場合は、信託が終了してしまいます（信法163②）。その場合には、次の受益者として予定している息子に一部贈与するような方法も考慮します。

1-5 受益者の存在しない信託

■ 目的信託とは

　受益者が存在しない信託であり、目的信託と呼ばれる類型があります。これは、受益者となるべき者に権利能力がないことから、受益者が存在しないことになり、信託目的に従って受託者が管理処分をすることになります。例えば、ペットの信託では、ペットに権利能力がないので、受益者の存在しない信託となってしまいます。

	委託者	受託者	受益者がいない
目的信託	父	友人	犬・猫

　受益者等課税信託では受益者に対して課税されるのが原則です。しかし、これはあくまで原則であって、例外はあります。その例外のひとつが「目的信託」と呼ばれる信託の類型です。目的信託とは、「受益者を定めずに、目的のみを定めた信託」を指します。

　目的信託の登場人物に「受益者」は存在しないため、受益者に課税されるという信託の原則があてはまりません。存在しない受益者に代わって受託者を納税義務者として法人税を課税するというものです（相法９の４）。

　まだ生まれていない孫を受益者とするような事例が挙げられます。このよう

な信託契約ですと「受益者がいない信託」として、受託者に法人税が課税をされてしまいます。

　家族信託の実務では、このような「受益者の存在しない信託」に該当しないように設計をすることに留意が必要です。

　とはいえ、高齢者がペットを飼っていた場合には自分にもしものことがあった場合のペットのケアを心配する方が多いのも事実です。そこで最近ではペットのケアのための信託設計、つまり受益者を法的に設定して「受益者の存在しない信託」を工夫している事例も見受けられます。一部の信託銀行でも取り扱っているようですが、家族信託を設計する時には留意してください。

信託を開始したとき

第2章

2-1 信託設定時の課税関係の基本

ポイント

* 家族信託では他に理由がない限りは自益信託でスタートします
* 生前に贈与を計画しているような時には他益信託でスタートすること
  もあります

1　自益信託の場合

　委託者が受益者を兼ねる自益信託は、財産的価値を元の所有者に留保したま
ま、財産の名義人を変更する信託ということになります。贈与税の負担なしに
別の者（受託者）を財産の形式的に所有者にすることができることになります。
単独自益信託（委託者と受益者等がそれぞれ単一であり、かつ、同一の自益信
託）の場合には実質的な信託財産の移転はないため、委託者から受託者への信
託財産の移転は譲渡等には該当しないこととなります（所基通13－5、法基通
14－4－5）。

　信託財産が賃貸不動産なら、設定後も元の所有者が引き続き不動産所得を申
告します。ただし不動産の名義は受託者になるので、収益や経費は受託者が計
算することになります。また、信託が終了して、アパートと現金を委託者が取
り戻しても税法上は財産の移転があったとは考えず、贈与税などの課税関係は
生じません。

2-8　賃貸不動産で自益信託の関係

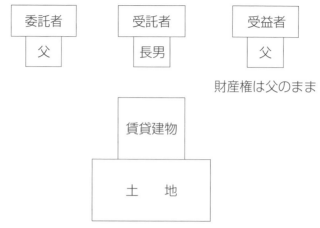

財産権は父のまま

土地建物の名義は受託者の長男

2　他益信託の場合

　委託者以外の者が受益者となる信託は他益信託となります。これはある意味信託を利用する生前贈与で贈与税が課税されます。また遺言で信託が設定されると（信法3二）、遺言者の死後に信託がスタートします。この場合は遺贈があったものとみなされ、遺言で受益者に指定された者には相続税が課されます（相法9の2①）。

2-9　他益信託の関係

贈与・相続

3　生前贈与への応用

　父が委託者で、長男が受益者になれば、父から長男への生前贈与があったものとみなされ、長男には贈与税が課されます（相法9の2）。この場合は相続時精算課税を選択することも可能です。

信託財産が賃貸不動産なら、貸家及び貸家建付地評価などの相続税評価で課税されます。

2-10　賃貸不動産で他益信託の関係

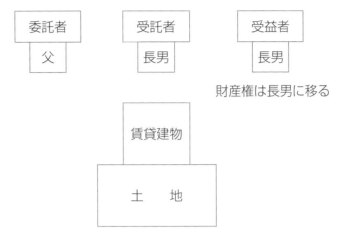

財産権は長男に移る

土地建物の名義は受託者である長男

4　税務署への提出書類

　信託設定時の受託者の義務として、原則は、契約の日の属する月の翌月末日までに「信託に関する受益者別調書」「信託に関する受益者別調書合計表」を税務署に提出しなければなりません（相法59③）。

　詳細は「第5章　税務署への提出書類」（133ページ）を参照してください。

2-2 信託設定時の流通税

ポイント

* 信託は流通税の節約になります
* 不動産を移動させる場合、登録免許税と不動産取得税がかかります
* 受益権の移動による時には、不動産そのものを移動するよりも節税になります
* 不動産移動による流通税の節約の目的で信託を活用する場面もあります

① 登録免許税・不動産取得税・印紙税

　不動産を信託するに際して費用がどれほどかかるのか心配になると思いますが、実は信託は認知症対策等のリスク対策においてピッタリの手法です。信託の場合には不動産の名義が変わっても贈与税が課税されません。さらに、不動産名義変更にかかわる税金、流通税も低額で済みます。

　流通税には登録免許税と不動産取得税、印紙税があります

　はじめに委託者から受託者に対して信託を設定する場合には、次頁の登録免許税等がかかります（登法9、別表第一（十）、地法73の7三）。

2-11　不動産を信託した際にかかる流通税

	土　　　地	建　　　物
登録免許税	固定資産評価額の 3 /1000 ※　租税特別措置法第72条 　　（令和 5 年 3 月31日まで）	建物は、固定資産評価額の 4 /1000 登録免許税法第 9 条 別表第一.1（十）イ
不動産取得税	なし	なし
印紙税	200円	

　登録免許税はいわば信託を設定する場合のコストになります。不動産に多く信託を設定する時は、予めどのくらいの登録免許税が必要かを事前に検討しておくことをおすすめします。

　また、不動産の信託においては、所有権移転登記を申請しても、受益者が信託財産である不動産を所有しているとみなされますので、信託による財産権の移転に関しては、登録免許税及び不動産取得税は非課税になります（登法 7 一、地法73の 7 三）。

2　印紙税に関する追記

　信託行為に関する契約書は、印紙税法別表第一12号文書（信託行為に関する契約書）となり、 1 通200円ですが、信託法 3 条 2 号の遺言信託を設定するための遺言書及び同条 3 号の自己信託を設定するための公正証書その他の書面は、12号文書には該当しませんので、非課税です。

2-3 信託受益権の評価

ポイント

＊　相続・贈与では財産評価基本通達が基本となります

＊　債務が信託財産責任負担債務ならば受益者の債務とされます

① 財産評価基本通達による

　贈与または遺贈により取得したとみなされる信託に関する権利又は利益を取得した者は、その信託財産に属する資産及び負債を取得し、又は承継したものとみなされます（相法９の２⑥）そして、受益者等が取得する信託受益権の評価については、個人の場合には、財産評価基本通達によるものとされています（財産評価基本通達202⑴）。

2-12　受益権の評価は信託財産の内容の評価

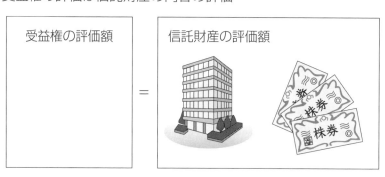

| 受益権の評価額 | = | 信託財産の評価額 |

　また、受益者連続型信託に関する権利の額は、信託財産の全部の価額とされています（相基通９の３－１⑴）。

　ただし負担付での贈与（「column 負担付きでの贈与」124ページ参照）の場合には例外がありますので留意してください。

② 債務の取り扱い

　信託財産責任負担債務（45ページ参照）にかかる債務は、税務でも債務とされます（相法9の2⑥）。ただし、相続税の債務控除では新たに受益者となる者が前受益者の相続人又は包括受遺者か否かで適用が分かれます。

☆　相続税の債務控除

　新たに受益者となる者が前受益者の相続人又は包括受遺者

　　○ある場合　⇒　債務は債務控除の対象となります

　　○ない場合　⇒　債務は債務控除はできません

　また、委託者死亡時に信託を終了してしまった場合の相続税の債務控除にも留意してください（「第4章　信託終了時の課税」127ページ参照）。

③ 複層化された信託受益権の評価

　信託受益権の評価はその信託財産に属する資産及び負債で評価するのが原則です。しかし「収益受益権」と「元本受益権」に複層化された信託受益権の評価は例外となります。

　「受益権」は、信託の目的となっている財産（信託財産）から生じる収益や便益を受け取る権利であり、この「受益権」の内容は、信託契約に定めることで、複数の種類の受益権とすることが可能です。受益権の複層化とは、受益権の内容を「収益受益権」と「元本受益権」に分割するという手法です。このうち収益受益権とは、信託が設定されている期間、その財産から生じる収益（例えばアパートの賃料など）を受け取る権利であり、これに対して、元本受益権とは、信託の終了時において信託財産自体を受け取る権利です。

　信託受益権を収益受益権と元本受益権を分けた場合の財産評価としては、まずは収益受益権を国税庁が示す算式で計算し、元本受益権は「信託受益権の評価－収益受益権」とされます（財基通202⑶）。ただし、受益者連続型信託での評価は除かれていますので、留意が必要です（「第6章　受益者連続型信託の課税関係」143ページ参照）。

信託期間中の課税

第3章

3-1 受益者が個人の信託期間中の課税

ポイント

* 信託財産に属する資産・負債は受益者が有するとみなされます
* 信託財産の収益及び費用は受益者の収益及び費用となります

① 基本的考え方

信託の設定が行われた場合には、その信託の受益者が信託財産に属する資産及び負債を有するものとみなされ、同時に信託期間中の信託財産に帰せられる収益及び費用は、その信託の受益者の収益及び費用とみなされます。

② 所得税

受益者等課税信託の受益者におけるその信託に係る各種所得の計算上、総収入金額又は必要経費に算入する額は、信託に係る収益の分配として受けたものではなく、その信託財産に属する資産及び負債並びにその信託財産に帰属する収益及び費用の金額となります（所法13①、所基通13-3）。

③ 所得の計算と給付

信託財産にかかる収入や費用は受益者に属するものとして受益者が申告することになります。受託者には課税されません。

　その信託財産に帰せられる収益及び費用は、その種類により不動産所得、利子所得、配当所得、雑所得等として取り扱われます。不動産賃貸事業の場合、この信託は賃貸事業を営んでいますので、その収益及び費用は不動産所得として取り扱われます。受益者個人が、信託した財産以外に自身でも不動産の貸付けを行っている場合は、受益者自身の不動産貸付けによる収益及び費用と、信託による収益及び費用を合計して、その受益者の不動産所得を計算することになります。

　また、下記の図のように、分配されなくても所得が発生すれば、課税が生じることになります。

2-13　所得と分配の関係

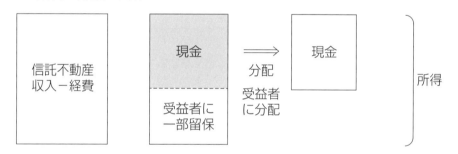

4　信託の計算期間

　受託者は毎年一回一定の時期に財産状況開示資料を作成し、受益者に報告しなければなりません（信法37②③）。

　例えば受託者における信託の計算期間が毎年 3 月末決算であっても、個人では暦年の所得を計算して申告しなければなりません（所基通13- 2 ）。そこで、家族信託においては、信託の計算期間も12月末決算とすることが実務上の簡略化になります。

2-14　信託財産に帰せられる収益及び費用の額の計算

※　所得の帰属は、信託の計算期間によるによるのではなく、その年分の所得計算

5　不動産所得の申告等のための帳簿等の記録等

　帳簿等による収入別・経費別の記録及び証憑書類の保存並びに計算書類の作成は、所得課税の申告の際に添付する書類（措規18の24）を作成したり、相続税の申告に必要な情報提供をしたりするために必要です。

　事案に即して、青色決算書、収支内訳書等を作成します。青色申告であれば特別控除は55万円になりますので、複式簿記による適正な帳簿作成及び書類の保存（青色申告では7年間、信託法では10年間の保存ですが、実務上の理由によりトラブル回避、残余財産の引き渡しに係る書類等はそれぞれの手続きが終了するまで保存することが望ましいです）が不可欠になります。

6　受益者が法人の信託期間中

　受益者が法人の場合にも同じように取り扱われます。信託の受益者は当該信託の信託財産に属する資産及び負債を有するものとみなし、かつ、当該信託財産に帰せられる収益及び費用は当該受益者の収益及び費用とみなされます（法法12）。

7 消費税

　消費税法上、信託の受益者等は、その信託財産に属する資産を有するものとみなされ、かつ、信託財産に係る資産の譲渡等、課税仕入れ及び課税貨物の保税地域からの引き取り（以下、「資産等取引」）は、その受益者の資産等取引とみなされることから（消法14①）、信託財産に係る取引についての消費税及び地方消費税の申告・納税は受益者等が行うことになります。そのための資料を受託者は作成し受益者等に交付します。

3-2 受益者等課税信託に係る不動産所得の損益通算の特例

ポイント

* 不動産を信託財産にするときには将来の収益予想も重要になります
* 不動産所得を計算する上で、損失が生じてしまうと所得通算に制限があります

1 特例の概要

受益者等課税信託から生じた不動産所得の損失は、なかったものとみなされます。これが受益者等課税信託において、不動産所得がある場合に税務上注意が必要な不動産所得の損益通算の特例といわれているものです。これは、信託を通じた租税回避の行為の防止のために設けられた措置です。

2 個人の場合の他の不動産所得との損益の通算

特定受益者（受益者等課税信託における受益者等のことで、措置法ではこのように表現されています）に該当する個人が、その受益者等課税信託から生じる不動産所得を有する場合において、その年分の不動産所得の金額の計算上その受益者等課税信託による不動産所得の損失の額があるときは、その損失の金額に相当する金額は、損益通算の規定その他所得税に関する法律の規定の適用については生じなかったものとみなされます。

つまり、信託による不動産所得が赤字となった場合には、その信託損失はなかったものとみなされます。したがって損益通算はもちろん、受益者個人の信託以外の不動産所得との内部通算もすることができません（措法41の4の2、措令26の6の2④）。近い将来大規模修繕等が予定されるような場合には、切り捨てとなる損が出てしまうので留意をしなければなりません。

2-15　信託不動産の損益通算

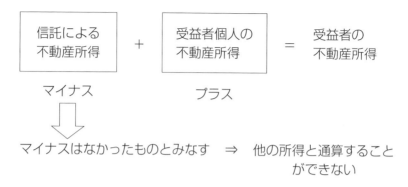

なお、複数の受益者等課税信託から生じる不動産所得を有する場合には、それぞれの信託の契約ごとに不動産所得の計算を行います（措置法通達41の４の２－１）。

❸　受益者が個人と法人の違い

上記は個人の取扱いを記載しましたが、受益者が個人の場合と法人場合には規制が異なりますので、注意が必要です。

①　受益者が個人の場合

受益者が個人の場合、損失の規制は不動産所得に限定されています。したがって、不動産所得以外の所得については損失を計上することは可能です。

②　受益者が法人の場合

受益者が法人の場合、信託から生じた損失は、原則として損金になります。しかし、受益者にとって信託の債務を弁済する責任の限度が実質的に信託財産の価額までとされている場合に、信託から生じた損失が調整出資等金額を超えるのであれば、その超える部分の金額は損金に算入されません（措法67の12①）。

調整出資等金額とは、受益者にとっての信託財産に係る課税法上の簿価純資産価額に相当する一定の金額をいいます（措令39の31⑤）。

これは、受益者が負っている責任が信託財産を限度としており、受益者固有の財産に係る債務を負うことがない場合には、税務上も信託財産の額を超えて損失を計上することを認めないという趣旨です。

なお、信託から生じた損失の金額が信託財産の簿価純資産を超えたために損金に計上されなかった金額は、翌年度以降に繰り越すことが可能です。すなわち、翌年度以降に当該信託から利益が生じた場合には、繰り越された損失を当該利益の額を限度として取り崩して損金に計上することが可能になっています（措法67の12②）。

　また、信託契約書を複数行っている受益者の場合、損益通算の計算は、信託ごとに別々に計算するという点に注意が必要です。したがって、異なる信託において繰り越されている損失を、別の信託で計上された利益があるからといって、取り崩すことはできません（措通41の2－1）。

　その他には、信託の最終的な損益の見込みが実質的に欠損となっていない場合において、契約等において、損失補償条項がある等により、信託の損益が明らかに欠損とならないと見込まれる場合には、信託から生じる損失は損金に算入されない（措法67の12①、措令39の31⑦）点も注意が必要です。

3-3　受益者等の変更があった場合

ポイント

＊　受益者等に変更があったときは課税関係が生じます

＊　受益権の移動でも課税関係が生じます

① 贈与・相続とされる

受益者等の変更があった場合には前受益者等から新受益者等へ信託財産が移転したものとみなして、課税関係が生じます。

2-16　受益者等に変更があった場合

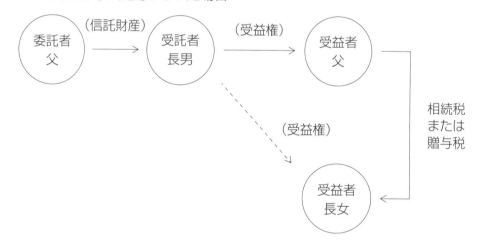

受益者の変更により、前受益者から新受益者が贈与・相続をされたものとされます（相法9の2②）

② 信託の受益者（個人）が信託受益権を譲渡した場合

信託受益権とは、受益者が信託契約や遺言などの信託行為に基づき受託者に対して有している信託財産に関する権利であり、法的性格は受託者に対する債

権となります（信法2⑥⑦）。

　しかし、税法上は、信託受益権を、その信託受益権の目的となっている信託財産に属する資産及び負債そのものと考えますので、信託受益権の譲渡を行った場合には、債権の譲渡ではなく、その信託受益権の目的となっている信託財産に属するすべての資産及び負債を一括して譲渡したものとして取り扱われます（所基通13−6）。したがって、信託財産の中味が土地や建物等であれば不動産の譲渡として、株式であれば株式の譲渡として取り扱われます（措通31・32共−1の3、37の10、37の11共−21）。

❸　信託の受益者（個人）の一部の受益者等が存在しなくなった場合

　「受益者等が存しなくなる」ということは、受益権の実質的な移動があったものとみなされて贈与または遺贈により取得したものとして、増加した受益権部分に課税が行われます（相法9の2③）。

2-17　受益者等の一部が存在しなくなった場合

　上記の図のように、受益者である母が受益権を放棄したり、相続が発生して受益権の全部を所有したりするようになった時に、母から長女への贈与又は相続として課税が生じます。

3-4 その他の諸税

ポイント

＊ 不動産を信託するときに留意するべき税金は他にもあります

＊ 日常業務においては固定資産税の処理に注意をしなければなりません

＊ 不動産を信託するには登記は必須となります

＊ 登録免許税や不動産取得税といった流通税は多額になりますので、特に留意をしなければなりません

1　固定資産税

　信託契約を締結し、不動産登記を申請することにより不動産は受託者名義になることから、固定資産税台帳には受託者名が記載され、固定資産税の納税決定通知書は、受託者宛に届くようになります。

　もし、受託者が固有財産として不動産を所有していると、固有財産の固定資産税と信託財産の固定資産税が一緒に請求されてきます。それぞれの税額の明細については記載されていませんので、受託者で計算して、それぞれを分けて納付する必要があります。

2　登録免許税

　信託の受益権は原則として譲渡することができます（信法93①）。受益権が移動したときは、原則として旧受益者から新受益者へ信託財産の不動産が移動したものとみなされて課税関係が発生します。受益権の移動が贈与によれば贈与税が、譲渡によれば譲渡益が出たときは譲渡益課税がされます。

　登録免許税は信託目録に登記を入れるので、不動産1筆につき1,000円になります（登法9別表第一.1（十四））。また、受益権が移動しても不動産自体は移動しませんので、不動産取得税はかかりません。

❸ 受託者変更の際の登録免許税・不動産取得税

　受託者を変更すると、不動産については所有権移転登記を申請しますが、受託者の変更なので、この登録免許税は非課税です（登法7①三）。なお、信託目録の「受託者に関する事項」を変更するので、信託目録の記録事項の変更登記も必要で、登録免許税は不動産1筆につき1,000円です。不動産の名義が変更になっても、不動産取得税も非課税です（地法73の7五）。

3-5 税務署への提出書類

ポイント

＊ 税務署への書類の提出は受託者の義務になります

＊ 失念をしないように注意します

1 調書の提出

受託者は受益者等（みなし受益者を含みます）が変更された場合（受益者等が存することになった場合、又は存しなくなった場合を含みます）には「信託に関する受益者別（委託者別）調書」「信託に関する受益者別（委託者別）調書合計表」を税務署に提出しなければなりません。

2 信託計算書の提出

受託者は毎年12月31日締め切りで決算書を作成して税務署へ提出し、受益者に報告する必要があります。受託者は原則、信託計算書を毎年1月31日までに税務署長に提出しなければなりません（所法227、所規別表七（一））。ただし、各人別の信託財産に帰せられる収益の額の合計額が3万円以下（計算期間が1年未満の場合は1万5千円）であるとき（一定の場合の除きます）は、信託計算書の提出は必要ありません（「第5章　税務署への提出書類」133ページ以下参照）。

3-6 信託報酬の必要経費性

ポイント

* 　家族信託の相談報酬は原則としては必要経費にはなりません

* 　不動産所得等を得るための直接要する経費とは区別して考えることが
できます

1 　信託報酬の必要経費算入

家族信託に係る信託報酬を不動産所得の必要経費に算入できるかという依頼
が時々あります。所得税については、そもそも家族信託の信託報酬は、原則的
には必要経費にはならないと考えられます。家族信託を組成するコンサルティ
ング費用は各種の場面によっていろいろであると思われますが、必要経費にす
るならば、所得を得るために直接必要とされる費用でなければなりません。

2 　受託者における信託報酬（収入）の所得区分

受託者である個人が受け取る信託報酬の所得区分は、雑所得（司法書士など、
業務として行う場合には事業所得）に該当するものと考えられます。この場合、
家内労働者等の必要経費の特例（措法27、措令18の２）の適用の余地も検討す
る必要があります。

家内労働者等の必要経費の特例とは、事業所得又は雑所得の計算上家内労働
者等の場合は55万円が必要経費とすることができるという制度です。

column

負担付きでの贈与

　信託財産中の不動産とともに、借入金の債務が残っていたり、負債である預かり保証金や借入金（信託財産責任負担債務）が含まれていたりすることがあります。このような信託受益権を贈与するときには、注意するべき点があります。税務上このような負担付贈与について、贈与税を計算するときには、その信託財産を相続税評価額ではなく、時価で評価をして贈与税を算定しなければなりません。

　税務上は、信託財産が不動産で債務が同時に移転している場合には、不動産の評価は、「通常の取引価額」で評価することになっています（負担付贈与通達（平元直評5、直資2−204）（平3課資2-49改正））。

　事例により検証をしてみましょう。

　　　　委託者（親）の所有する不動産を信託財産とする受益権
　　　　・不動産時価（通常の取引価額）　　　　1億円
　　　　・相続税評価額（いわゆる路線価等）6,000万円
　　　　・借入金の残債務　　　　　　　　　　6,000万円

　受託者（息子）に対して信託受益権を贈与した場合
　親子間ですから、相続税評価額6,000万円で同額の借入金も含まれている信託受益権を贈与したもので、贈与税は関係がないように思えます。しかし、税務上はこのように不動産財産と同時に債務を合わせて贈与をしたときには、不動産の評価額は相続税評価額ではなく時価1億円で贈与したものとして、1億円−6,000万円＝4,000万円に対して贈与税が課税されてしまいます。

　うっかり賃貸不動産の受益権を贈与してしまうと、敷金部分も引き継いだことになり追加の課税を受けることにもなりかねません。債務が含まれている信託受益権を贈与するときには、十分に留意する必要があります。

column

配偶者居住権と家族信託比較

　民法改正により配偶者居住権が検討されています。家族信託では受益者連続型信託の利用も可能なので、どちらが有用かを検討するべきです。

(1)　配偶者居住権の内容

　配偶者居住権は配偶者のために居住建物の使用収益権のみが認められ、処分権のない権利を創設することにより、遺産分割の際の、配偶者が居住建物の所有権を取得する場合よりも低廉な価額で居住権を確保することができるようにすることを目的としています。配偶者居住権は原則として残存配偶者の終生の期間存続することになりますが、譲渡性は認められていません。また、配偶者が居住用不動産に居住し続けられなくなった場合の配偶者居住権付不動産の利用についてまでは手当がされていません。高齢社会においては自宅にいることよりも介護施設への転居も多くなってきています。

(2)　配偶者居住権のデメリット

　配偶者が不動産を所有しているならば、認知症を発症しても成年後見人が裁判所の許可を得て居住用不動産を処分し、介護施設への移転を進められることができます。しかし配偶者居住権だけしかないと、不動産所有者である他の相続人の承諾を得て、第三者に使用収益させて対価を得るか、譲渡して対価を得る方法を模索するしかありません。特に、被相続人の生前に配偶者居住権の設定を定める場合には、当初の想定とは大きく異なる方向に進むかもしれないことのリスクがあることを考慮しておかねばなりません。

　一方、家族信託であれば受託者に管理処分権が移りますので、受託者が残った配偶者の状況を適切に判断をして処分し、治療費の補てんや介護施設への転居も可能です。資産承継に関しては適任となる受託者が存在すれば、家族信託を利用することにより、柔軟な対応が可能です。

(3)　家族信託の有用性

　信託の有用性は、将来の不測の変化に対する対応を、受託者やその他の関係者の裁量性のある適切な判断に委ねて柔軟に対応することができるという点です。残った配偶者の生存中は不動産を換価処分してその必要性に供することを可能にします。

≪家族信託との比較≫
●配偶者居住権のメリット
①配偶者が、最後まで自宅に無償で住み続けることができる
　☆家族信託でも可能
②2次相続の際に、配偶者居住権が消滅することについて課税が無い
　☆家族信託では不可能
　　基本的に、家族信託契約には節税効果は期待できない
③配偶者亡き後の自宅を誰に継がせるかを決めることができる
　☆家族信託でも可能
●配偶者居住権のデメリット

第3章　信託期間中の課税

①生前の換価が難しい（所有者との関係が大事）
　　☆家族信託では、契約内容としていれば、配偶者に判断能力がない場合で
　　　あっても、受託者による生前の換価も可能
②所有者と修繕費用等につき、協議する必要がある
　　☆家族信託では、基本的に受託者が修繕等につき対応可能
③「配偶者」以外には、用いることができない
　　☆家族信託では、「配偶者」以外にも用いることはできる
④「自宅」以外には、用いることができない
　　☆家族信託では、他の不動産等についても、後継ぎを決めることが可能

信託終了時の課税

第4章

4-1 信託終了時の贈与税・相続税

> ### ポイント
>
> ＊　信託が終了する場合の課税関係は、財産が実質的に移転しているかど
> うかで判断します

◪　信託終了直前の受益者等と残余財産の帰属者が同じ場合

　信託の終了時には、その終了直前の受益者等と残余財産の帰属者との関係により課税関係を整理します。残余財産の給付を受ける者が終了直前の受益者等と同じ場合には、実質的な信託財産の移転はないため、課税関係は生じません。

2-18　信託終了時の課税関係

```
☆終了直前の受益者　＝　残余財産の帰属者


信託終了の前後で経済価値が移動しない
　　⇒　課税関係は生じません
```

2 信託終了直前の受益者等と残余財産の給付を受ける者が異なる場合

　残余財産の給付を受ける者が終了直前の受益者等と異なる場合には、その受益者等から残余財産の帰属者へ信託財産の移転があったものとみなし、次のように課税関係が整理されます。

2-19　終了直前の受益者と残余財産帰属権利者が相違する場合

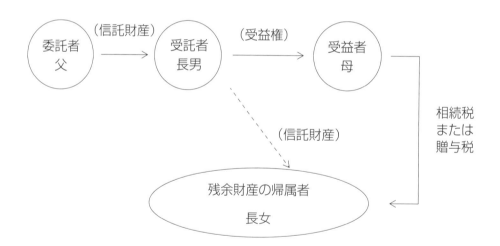

　受益者等の存する信託が終了した場合において、適正な対価を負担せずに、その信託の残余財産の給付を受けるべき者または帰属すべき者となる者があるときは、その信託の受益者等から贈与により取得したものとみなされ、贈与税が課されます。ただし、その信託の受益者等の死亡に基因してその信託が終了した場合には遺贈により取得したものとみなされて相続税が課されます（相法

9の2④、相基通9の2－5）。

❸ 家族信託の終了とそれに伴う税務の問題点

受益者等課税信託では、受益権の移動に伴って生じる課税に関しては、信託を終了する場合（相法9の2④）以外、贈与又は遺贈により取得したとみなされる権利又は利益を取得した者は、「当該信託の信託財産に属する資産及び負債を取得し、又は承継したもの」とみなされることになっています（相法9の2⑥）。

すなわち受益権を取得した者は資産及び負債を取得したとして、所得税・法人税・相続税等の課税を受けることになります。ただし、相続税法では上記のように相続税法第9条の2第6項では第1項から第3項まで準用しており、第4項（信託終了の場合）については準用していません。つまり、明文で信託を終了する場合を除くとされていることが問題となります。

信託法上は信託の終了により清算手続きに入り、「残余財産」は清算受託者が信託債権に係る債務・受益債権に係る債務の弁済をした後に残った財産です（信法177、181）。実務において、残余財産受益者等は信託終了時の資産・負債をそのまま引き継ぐことが多いと考えられます。清算手続きのようなことはしないかもしれませんが、税務上は留意が必要となります。

信託法上では清算手続きを前提としていることから、受託者に借入れが残っていた場合には、信託を清算してから「残余財産」を分配するため、相続発生時の債務として債務控除が受けられるか否か明確になっていない部分があります。信託法上と税法の間にすきまが生じています。

特に債務も併せて引き継ぐようなケースでは、税理士等の専門家とご協議ください。

4-2　その他の税の特例

ポイント

＊　小規模宅地等の減額特例には明文規定があります

＊　配偶者の税額軽減も利用可能です

1　相続した事業の用の宅地等の価額の特例（小規模宅地等の特例）

　課税法上、信託受益権を取得した者は、その信託の信託財産に属する資産及び負債を取得し、又は承継したものとみなされます。そこで、信託財産に土地が含まれている場合には、受益権を相続した場合であってもその土地を取得したものとして小規模宅地等の特例の適用を受けることができます（相法9条の2②⑥、措令40の2㉗、措通69の4－2）。

2　配偶者の税額の軽減

　「配偶者の税額の軽減」とは、被相続人の配偶者が遺産分割や遺贈により実際に取得した正味の遺産額が、次の金額のどちらか多い金額までは配偶者に相続税はかからないという制度です（相法19の2）。

①　1億6千万円

②　配偶者の法定相続分相当額

　この配偶者の税額軽減は、配偶者が遺産分割などで実際に取得した財産を基に計算されることになっています。被相続人の配偶者が当該被相続人からの相続又は遺贈により財産を取得した場合には（相法19の2本文）となっており、信託受益権でも不動産でも適用があります。

　そこで、委託者が亡くなって信託が終了し、配偶者が帰属権利者となり信託財産を取得したとしても、「配偶者の税額の軽減」を適用して相続税の申告を

することは可能です。

❸　居住用不動産（空き家）譲渡

　相続又は遺贈により取得した被相続人居住用家屋又は被相続人居住用家屋の敷地等を、平成28年4月1日から令和5年12月31日までの間に売却し、一定の要件に当てはまるときは、譲渡所得の金額から最高3,000万円まで控除できるという特例があります（措法35③）。

　この特例も、委託者死亡で即信託終了となっていなければ、相続税法第9条の2第6項、所得税法第13条の規定により、適用できるものと思われます。

信託終了の際の登録免許税・不動産取得税

ポイント

＊　原則は流通税が課税されることになりますが

＊　例外規定もあることに設計段階から留意します

① 原則

　信託を終了させるとき、すなわち信託不動産を通常の不動産に戻す場合の登録免許税や不動産取得税は、信託設定時とは異なり負担額は大きくなるので注意が必要です。信託終了登記に要する登録免許税は原則2％（登法別表第一1、（二）ハ）、信託抹消の登記が不動産1筆につき1,000円になります。

　さらに不動産取得税は原則4％（軽減税率の適用もあります）が課税されます。ただし、以下の例外があります。

② 委託者、受益者に変更がなく所有権を元に戻すとき

　信託の委託者＝受益者の自益信託で、信託期間中に委託者及び受益者に変更がなく、信託終了時に初めの委託者に所有権を戻す場合には登録免許税、不動産取得税ともに非課税になります（登法7の1−2、地法73の7−4）。

③ 受益者が委託者の相続人のとき

　自益信託で、信託設定時から終了まで受益者の変更がなく、信託が終了したときに所有権を取得する人（帰属権利者）が委託者の相続人のときは、相続の登録免許税が適用になることから、登録免許税は0.4％で、不動産取得税は非課税です（登法7の2、地法73の7−4）。信託の終了時が相続開始日には限定されず、相続の開始日以降に終了したとしても、終了時の帰属権利者が相続人であれば、この軽減措置が適用になります。

5-1 概要のまとめ

ポイント

＊ 家族信託をサポートする者は税務署への提出書類を指導しておかねば
なりません

＊ 税務署への提出書類は受託者に対するものと受益者が提出するものが
あります

2-20 信託の進行全体図

① 受託者が家族信託開始時に提出するもの

・「信託に関する受益者別（委託者別）調書」

・「信託に関する受益者別（委託者別）合計表」

※委託者＝受益者では提出不要

※委託者≠受益者でも50万円以下では提出不要

② 信託期間中に毎年翌月税務署に提出する書類

★受託者が毎年翌年1月31日までに提出する書類

　　　　※1年間の収入の合計額が3万円未満は提出不要

　　　　「信託の計算書」「信託の計算書合計表」

　　　★受益者が確定申告時に提出する書類

　　　　「不動産所得に係る明細書」

③　信託変更時

　　　★受託者が信託変更時に提出する書類

　　　・「信託に関する受益者別（委託者別）調書」

　　　・「信託に関する受益者別（委託者別）合計表」

　　　　提出期限は提出すべき事由が生じた日の属する翌月末日

　　　　※信託財産50万円以下では提出不要

④　信託終了時

　　　★受託者が信託変更時に提出する書類

　　　・「信託に関する受益者別（委託者別）調書」

　　　・「信託に関する受益者別（委託者別）合計表」

　　　　提出期限は信託契約が終了した月の翌月末日

　　　　※信託財産50万円以下では提出不要

5-2 受託者が提出しなければならない調書

1 調書の提出が必要な場合

　信託の受託者は以下の事由が生じた日の属する月の翌月末までに、「信託に関する受益者別（委託者別）調書」「信託に関する受益者別（委託者別）調書合計表」を税務署に提出する必要があります（相法59③）。

① 信託の効力が生じた場合（当該信託が遺言によりされた場合は、当該信託の引き受けがあった場合）

② 受益者等（みなし受益者を含む）が変更された場合（受益者等が存することになった場合、又は存しない場合を含む）

③ 信託が終了した場合（信託に関する権利の放棄があった場合、権利が消滅した場合を含む）

④ 信託に関する権利の内容に変更があった場合

2 調書の提出が必要ない場合

　ただし、以下の場合は、税務署に提出する必要はありません（相法59③ただし書、相規30⑦）。

① 受益者別に、当該信託の信託財産の相続税評価額が50万円以下である場合（信託財産の相続税評価額を計算することが困難な事情が存する場合を除く）

② 受益証券発行信託に該当する信託で、受益権が無記名式の信託法第185条第1項に規定する受益証券に該当するものである場合

③　信託の効力発生が生じた場合で、以下に該当する場合

・特別障害者扶養信託契約（相法21の４②）に基づく信託

・委託者と受益者等（みなし受益者を含む）とが同一である信託

④　受益者等の変更が生じた場合で、以下に該当する場合

・信託受益権の譲渡等により支払調書及び支払通知書を提出する場合

・受益者等の合併又は分割があった場合

⑤信託の終了があった場合で、以下に該当する場合

・信託終了直前の受益者等が、受益者等として有していた権利に相当する当該信託の残余財産の給付を受ける、又は帰属する者となる場合

・残余財産がない場合

⑥信託の変更があった場合で、以下に該当する場合

・受益者が一の者である場合

・受益者等（法人課税信託の受託者を含む）が有する権利の価額に変動がないこと

　また、法人課税信託の受託者となった場合には、２か月以内にその旨の届出書を、法人が受益者となるために対価を支払った場合には、その譲渡があった翌年１月31日までに調書及びその合計表を提出しなければなりません（法法４の７、所法225①十二）。

5-3 受託者が提出しなければならない計算書

ポイント

* ＊ 家族信託では、計算書の作成はその分は家族の負担が増えるといえます
* ＊ しかし、委託者の財産を預かっているという観点からも信託計算書は重要です
* ＊ 会計事務所等のサポートサービスに依頼することにより受託者の負担は軽減できます

❶ 信託計算書の提出時期

　受託者は、毎年1月31日までに受託者の信託事務を行う営業所等の所在地の所轄税務署長に信託の計算書を提出しなければなりません（法人課税信託を除きます）（所法227）。その提出期限については、受託者が信託会社である場合には毎事業年度終了後1か月以内に、信託会社以外の受託者は毎年1月31日までとされています（所法227、所規別表七（一））。

　ただし、各人別の信託財産に帰せられる収益の額が3万円以下となる場合は、信託計算書の提出は不要となります（所規96②）。

❷ 信託計算書の記載内容

　信託計算書には、受益者別に以下の内容を記載し、受託者の事業所等の所在地の所轄税務署に提出しなければなりません（所規96）。

① 委託者及び受益者の氏名又は名称及び住所又は本店若しくは主たる事務所の所在地

② 信託の期間及び目的

③ 信託会社については各事業年度末、信託会社以外の受託者については前年

137

12月31日における信託に係る資産及び負債の内訳並びに資産及び負債の額

④　信託会社については各事業年度中、信託会社以外の受託者については前年中における信託に係る資産の異動並びに信託財産に帰せられる収益及び費用の額

⑤　受益者に交付した信託の利益の内容、受益者等の移動及び受託者の受けるべき報酬等に関する事項

⑥　委託者又は受益者等の納税管理人が明らかな場合は、その氏名及び住所又は居所

⑦　その他参考となる事項

5-4 受益者が提出しなければならない明細書

ポイント

＊　税務署への確定申告書には添付書類が必要となります
＊　不動産所得がある場合、会計事務所に記帳等を依頼していることが多いでしょう
＊　受益者自身が確定申告をする場合にも失念することがないように留意します

1　受益者が法人の場合

法人である受益者が特定受益者(注)に該当する場合には、法人の確定申告書に、その信託に係る計算の明細書（別表九（二））を添付しなければなりません(措令39の31⑰)。この明細は、信託ごとの損益の計上及び損失の繰越及び損金算入額を管理するために必要となります。

法人の受益者（信託財産の帳簿価額を基礎として計算した金額を超える信託損失額が生じるおそれがないと見込まれ、かつ、損失補てん等契約が締結されていない場合の受益者を除く）は、確定申告書に、別表九（二）「組合事業等による組合等損失額の損金不算入又は組合等損失超過合計額の損金算入に関する明細書」を添付する必要があります（措令39の31⑰)。

(注)　特定受益者とは、集団投資信託及び法人課税信託を除く信託の受益者（みなし受益者を含む）をいいます（措法67の12①)。

なお、特定受益者であっても、以下のいずれにも該当する場合は、明細書の添付は不要です。

①　当該信託に係る調整出資等金額を超える組合等損失額が生じるおそれがないと見込まれる場合でかつ、
②　損失補填等契約が締結されていない場合

損失補填等契約とは、当該信託について損失が生じた場合に、これを補填することを約し、又は一定額の収益が得られなかった場合に、これを補填することを約する契約その他これに類する契約をいいます（措令39の31⑦）。

❷　受益者が個人の場合

信託から生じる不動産所得を有する個人は、不動産所得用の明細書の他に、当該信託について、以下に掲げる事項その他参考となる事項を記載した明細書を、確定申告書に添付しなければなりません（所法120⑥、措令26の6の2⑥、措規18の24）。

- ・総収入金額については、当該信託から生ずる不動産所得に係る賃貸料その他の収入の別
- ・必要経費については、当該信託から生じる不動産所得に係る減価償却費・貸倒金・借入金利子及びその他の経費の別

なお、これらの明細書を信託ごとに作成することが求められています。

5-5 受益権を譲渡した場合の税務署に提出する調書

* 家族信託では信託受益権を譲渡するということはあまり多くないでしょう
* しかし、譲渡しなければならない場面もあるでしょう
* 譲渡する場合には譲渡先の検討をした上で税務署への提出書類があります

🔳 税務署に提出する調書

居住者又は国内に恒久的施設を有する非居住者に対して、受益者等課税信託の信託受益権の譲渡の対価を支払う者は、その支払いの確定した日の属する年の翌年 1 月31日までに、受益権の譲渡に係る支払調書を税務署長に提出しなければなりません（所法225①十二）。

🔳 受益権を譲渡した者の身分の告知

信託受益権の譲渡による対価の支払いを受ける者（公共法人等を除く）は、原則として、その者の住民票の写し、法人の登記事項証明書を提示し、支払いを受ける者の氏名又は名称及び住所を、支払いを受ける時までに譲渡を受けた法人等に告知しなければなりません（所法224の4）。

5-6 信託に係る罰則規定（税務上）

ポイント

* ＊　日常で罰則規定がそのまま適用されることは少ないかもしれません
* ＊　しかし、罰則規定があることを留意しておいてください

　「信託の計算書」や「信託に関する受益者別（委託者別）調書」について、これらを提出期限までに税務署長に提出せず、又は偽りの記載若しくは記録をして税務署長に提出した者は、1年以下の懲役又は50万円以下の罰金に処せられます（所法242、相法70）。

■ 信託の計算書

　「信託の計算書」を提出期限までに税務署長に提出せず、又は「信託の計算書」に偽りの記載若しくは記録をして税務署長に提出した者は、1年以下の懲役又は50万円以下の罰金に処せられます（所法242）。

■ 信託に関する受益者別（委託者別）調書

　「信託に関する受益者別（委託者別）調書」を提出せず、又は「信託に関する受益者別（委託者別）調書」に虚偽の記載若しくは記録をして提出した者は、1年以下の懲役又は50万円以下の罰金に処せられます（相法70）。

■ 罰則規定に留意

　このように法律上は厳しい規定が定められていることに留意をしておかねばなりません。

受託者連続型信託の課税関係

第6章

6-1 受益者連続型信託の留意点

ポイント

＊ 税務の受益者連続型信託は定義が広がっています

＊ 相続においては順次相続税が課税されます

＊ 租税回避の観点からすべてを明確にされてはいません

＊ 収益受益権と元本受益権が分かれた信託では評価に留意が必要です

❶ 受益者連続型信託とは

相続税法における「受益者連続型信託」とは次の信託をいいます（相法9の3、相令1の8）。

(1) 信託法91条に規定する受益者の死亡により他の者が新たに受益権を取得する定めのある信託（いわゆる後継ぎ遺贈型の受益者連続の信託）

(2) 信託法89条に規定する受益者指定権等を有する者の定めのある信託

(3) 受益者等の死亡その他の事由により、受益者等の有する信託に関する権利が消滅し、他の者が新たな信託に関する権利を取得する旨の定め（受益者等の死亡その他の事由により順次他の者が信託に関する権利を取得する旨の定めを含む）のある信託（(1)に該当するものを除く）

(4) 受益者等の死亡その他の事由により、当該受益者等の有する信託に関する権利が他の者に移転する旨の定め（受益者等の死亡その他の事由により

　　　順次他の者に信託に関する権利が移転する旨の定めを含む）のある信託

(5)　(1)から(4)までの信託に類する信託

　　事例とすれば、委託者が自己の生存中は自らが受益者となり、自分の死亡後は妻を受益者とし、妻の死亡後は長男をその次の受益者とする旨を委託者の遺言や信託契約で定めることによって、いわゆる後継ぎ遺贈を可能にする信託を設定することができます。すなわち、自己の財産の承継について、自分が亡くなった後も自己の意思を反映することが可能となります。

　　なお、信託法第91条に規定する「受益者の死亡により他の者が新たに受益権を取得する旨の定めのある信託」の場合には、存続期間が設定されており、信託設定後30年を経過した時点での受益者の次の受益者（信託設定後30年経過した時点において出生している者に限る。）が死亡した時点又はその受益権が消滅した時点でその信託は終了することとなります（信法91）。

2-21　後継ぎ遺贈型信託のイメージ図

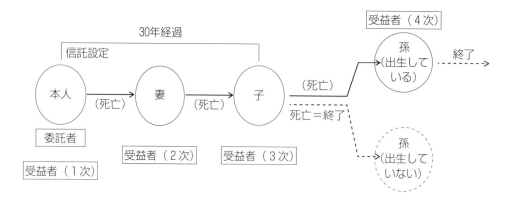

①　信託設定後30年を経過した時点において、孫が出生している場合

　　⇒孫は子の死亡により、受益権を相続により取得する。

②　信託設定後30年を経過した時点において、孫が出生していない場合

　　⇒子の死亡時において信託は終了する。

② 受益者連続型信託に係る課税

　受益者連続型信託とは、信託行為に一定の場合に受益権が順次移転する定めのある信託で、例えば、「Aの死亡後はBを受益者とし、Bの死亡後はCを受益者とする」旨の定めのある信託がこれに該当します。この場合、受益者Bの死亡により受益権は受益者Cに移転しますが、信託法上は委託者Aから受益者Cに受益権が移転したものとして取り扱います。

　しかし、Cが受益者となった時点で委託者Aは既に死亡しているため、相続税法では対応できません。そこで、税法では信託法の考え方とは異なり、次のように課税します。

2-22　受益者連続型信託の例

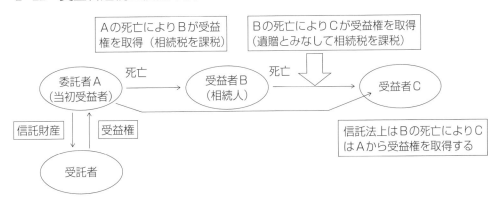

① 次の受益者Bが、委託者Aから信託に関する権利を取得するにあたって、適正な対価を負担していない場合には、贈与によって取得したものとみなされ、受益者Bに対し、贈与税が課税されます。また、委託者Aの死亡に基因して次の受益者Bが取得することとなった場合は遺贈によって取得したものとみなされ、受益者Bに相続税が課税されます。

② そして、その次の受益者Cが、受益者Bから信託に関する権利を取得するにあたって、適正な対価を負担していない場合には、贈与により取得したものとみなされ、受益者Cに対して贈与税が課税されます。また、次の受益者Bの死亡に基因して次の受益者Cが取得することとなった場

合には遺贈によって取得したものとみなされ、受益者Cに相続税が課税されます。

③　次の受益者C以後の受益者についても、上記②と同様とみなされ、贈与税又は相続税が課税されます。

④　受益者が法人である場合で、その法人が適正な対価を負担していないときは、法人への贈与があったものとして、直前の受益者（その法人が最初の受益者である場合には委託者）に対し、みなし譲渡課税が行われます（相法9の2①②、所法59①、67の3③④）。

なお、遺贈により受益権を取得し、相続税が課税される者が、その直前の受益者の配偶者や一親等の血族でない場合には、相続税の2割加算の適用があります（相法18）。

3　財産評価上の留意点

①　信託受益権の評価にあたっての原則的考え方

信託受益権については、信託期間終了時において信託財産を受け取る権利としての元本受益権と、信託期間中の利益分配を受けることのできる権利としての収益受益権とを分離して別々の受益者を指定することができます。その場合、まず収益受益権の価額を評価し、信託財産の価額からその収益受益権の価額を控除した残額が元本受益権の評価額となります（財基202⑶）。

②　受益者連続型信託に係る信託受益権の評価の特例

受益者連続型信託に関する権利の評価にあたっては、受益者連続型信託から利益を受けることのできる期間の制限が付されていたり、その他権利の価値に作用する制約が付されていたりする場合であっても、その制限は付されていないものとして評価します。

また、異なる受益者が性質の異なる受益者連続型信託に関する権利を有している場合には、収益に関する権利が含まれている受益者連続型信託に関する権利について上記の取り扱いの適用があります。したがって、例えば受益者連続型信託に関する権利が元本受益権と収益受益権に分かれている場合には、収益受益権の価額はその信託財産の全部の価額となり、その結果、元本受益権の価

額は0（ゼロ）となります。

　なお、法人が受益者連続型信託の信託受益権（収益に関する権利を含む場合に限る）を有する場合には、上記の取り扱いはありません（相法9の2、9の3、相基通9の3－1）。

❹　受益者連続型信託に該当するか否か

　受益権を元本受益権と収益受益権に複層化して、元本受益権を後継者に贈してしまうスキームが散見されます。家族信託を設計する時には、受益者連続型信託に該当するか否かにより、課税関係が大幅に相違しますので、十分に吟味して信託契約書を作成します。

column

贈与税の配偶者控除

　婚姻期間（婚姻の届出のあった日から贈与があった日までの期間）が20年以上の夫婦間において、①国内にある専ら居住の用に供する土地若しくは土地の上に存する権利又は家屋（以下「居住用不動産」といいます。）の贈与が行われた場合、②金銭の贈与をし、その金銭で①の居住用不動産を取得した場合で、その贈与を受けた配偶者が①又は②の居住用不動産を、翌年３月15日（贈与税の申告期限）までに自己の居住の用に供し、かつその後も引き続いて居住の用に供すると認められる場合は、贈与税の基礎控除（110万円）のほかに2,000万円の特別控除が受けられます（相法21の６）。

　受贈配偶者の取得した信託に関する権利でも、当該信託の信託財産に属する土地等又は家屋が居住用不動産に該当するものであれば、上記の居住用不動産に該当します（相基通21の６－９）。

第3編

家族信託の
活用事例

中小企業オーナーの活用事例

第1章

事例 1　後継者に自社株を承継する信託

この信託で実現できること

* 中小企業オーナーの相続発生時、オーナーの持つ自社株を遺産分割の手続きをせずとも後継者に速やかに承継できる
* 将来、中小企業オーナーの判断能力が著しく低下したときでも、議決権の行使を確保できる
* 中小企業オーナーが元気な間は、オーナーの意向を反映した議決権の行使ができる

◯1　クライアントの相談内容

　40年前に創業し経営を続けている中小企業オーナーから、後継者への自社株の承継について、その方法、承継の時期、税負担についてなど自社株承継対策をどう準備していけばよいか、顧問税理士が相談されました。

　オーナーは75歳。会社は、5年前より業績が安定し、継続して利益が出ています。75歳になったことを機に、そろそろ引退の時期を決めたいと思い、長男と次男の2人の子供のうち、長男を後継者に決めたといいます。今は、健康上の問題もまったくないので、ここ数年で自分が亡くなることの心配はないものの、2020年7月より始まった自筆証書遺言書保管制度を利用して遺言を作成しようかと考えたこともあるようです。しかし、自身の資産内容は今後も変化す

　るため、今、誰にどの資産を相続したらよいかを決めきれずにいるようです。

　　事業用土地と自社株を後継者の長男に相続すると、長男の相続税の負担が大きくなるのではと、オーナーは心配しています。顧問税理士は、オーナーに自社株の相続税評価額の試算を依頼され、最近、算出しました。

　　また、オーナー以外に株主がいることも、将来、問題になるのではと懸念しています。オーナーの持株比率は70%。オーナー以外は、親族、従業員、創業時にオーナーが依頼して株主になってもらった友人、取引先が株主です。どの株主も持株比率は低く少数株主です。

　　相談を受けた顧問税理士は、中小企業オーナーの家系図と個人資産の概略を作成しました。自社株の株価は、最近試算したため最新の相続税評価額です。預金はオーナーに聞いた概算額、不動産は昨年の固定資産税評価額を利用して一覧表を作りました。

3-1　中小企業オーナーの家系図

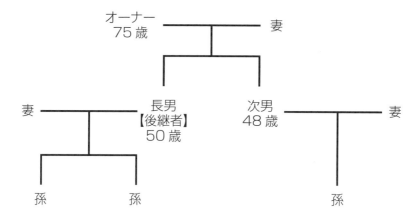

3-2　中小企業オーナーの個人資産の概略

種類	内容		金額（万円）		
金融資産	預金		3,000		
	有価証券（金融商品）		1,000		
生命保険	終身保険		5,000		
自社株			20,000		

種類	内容		金額（万円）	個数	状況
不動産	土地	自宅土地	3,000	1	
		事業用土地	3,000	1	自社に賃貸
	建物	自宅	1,000	1	築20年

資産合計 36,000
不動産の額は固定資産税評価額

借入金残高	500

2　税理士が考えた懸念・課題・問題点

(1)　事業承継税制を利用することがよいか？

　後継者が社長に就任したときに事業承継税制を利用して、オーナーの株式を後継者に贈与すると、後継者は贈与税の納税猶予を受けることができます。さらに、オーナーの相続時に、相続税の納税猶予（贈与税は免除）を受ければ、事業承継税制の条件を満たし続ける限り、後継者は納税を猶予されます。しかし、事業承継税制は、贈与税・相続税の猶予の制度であり、将来において猶予の条件が満たせなくなれば、猶予されていた額に、利子税も加えた額の納税が必要となることを考えると、顧問税理士は事業承継税制の利用を勧めることを迷います。事業承継税制のメリットとリスクを説明し、オーナーと後継者の意見をよく聞き、事業承継税制を利用するか、しないか、オーナーと後継者に判断してもらう必要があると考えました。

(2)　納税資金と遺留分侵害の可能性を確認

　事業承継税制を利用せず、自社株承継における課税を負担するとの判断になれば、オーナーと後継者の意向をふまえ納税額を小さくする方法を検討していくことが必要です。

　また、後継者の納税資金をどのように準備するかの検討もしていかなければなりません。後継者以外の相続人にどの資産を相続するか、オーナーは、今、

なかなか決めることができないといいますが、意見を聞き、その方向性を一緒に考えていくことも必要と顧問税理士は考えました。後継者が自社株を継ぐことにより、後継者以外の相続人の遺留分を侵害することにつながらないかも確認していきます。

　いずれにしても後継者へ速やかに自社株が継がれるよう、その準備に早くとりかかることを勧めようと顧問税理士は思いました。

⑶　オーナー以外の株主が多数いる

　会社は創業者であるオーナーの影響力が非常に大きく、これまで少数株主がいることの問題は生じていませんでした。しかし、オーナーの株式が後継者に承継されるまでの間、高齢になっていくオーナーに健康上の問題が生じることも考えられます。多数の株主が存在したまま、オーナーが議決権行使をできない状況となったら、一気に会社経営に支障が生じます。安定経営にむけた決議もできなくなり、シェアの少ない後継者の経営に障害が生じるかもしれません。少数株主の整理も課題ですが、まずは後継者が安定多数のシェアを確保する体制の構築が必要です。

⑷　オーナーから後継者へ株式を贈与するか？

　オーナーが健康なうちに後継者に株式を贈与すれば、後継者のシェア不足の問題は解消されます。しかし、後継者には多額の贈与税の負担がかかります。税負担を軽減する方法として事業承継税制を利用することが考えられますが、事業承継税制は納税猶予制度であるため、利用は慎重に検討する必要があります。

　また、現在元気なオーナーは、社長の座を後継者に譲り、さらに株式を贈与することで議決権も後継者へ渡ることには躊躇があるでしょう。後継者に任せるとしても、何らかの方法でブレーキを踏める状況にしておきたいとオーナーは思うかもしれません。

⑸　相続税は事業承継におけるコストと位置づけた

　1つの方法で課題を解決し、希望をすべて満たせる方法は残念ながらありません。まずは相続税の納税をどうするかのスタンスを決め、オーナーの意向を最大限実現できるような方向で、後継者に自社株を承継する方法を決めていか

なければなりません。

　顧問税理士は事業承継税制のメリットとリスクを説明し、オーナーと後継者の意向を確認しました。結論は、事業承継税制を利用しないことになりました。納税は事業承継におけるコストと位置づけ、納税額を小さくすることは検討するものの、納税猶予制度で先送りすることはしないとの判断となりました。

3　信託を検討する

(1)　遺言と信託を比較して検討

　中小企業オーナーの相続時、オーナーの遺言があれば、後継者への株式承継は速やかでしょう。しかし、遺言による自社株の承継は亡くなるまでオーナーが株主のため、高齢による判断能力の低下が生じた場合、議決権行使ができなくなるという問題があります（「第1編3-2　自社株の議決権行使を途絶えさせないために信託を活用する」66ページ参照）。

　そのため、自社株式の後継者への承継と議決権行使の確保という2点を満たせる信託の方に優位性があるといえます。

(2)　オーナーの議決権行使

　元気な間はオーナーが議決権を行使したいという意向があります。遺言による自社株の承継は、亡くなるまでオーナーが株主のため、オーナーは議決権を行使できますが、信託では、受託者が株主になるため、オーナーは自ら議決権の行使ができなくなります。

　信託では、受託者が議決権を行使しますが、受託者に議決権の行使を指図する指図者をオーナーとすることができます。オーナーが元気な間はオーナーを指図者とすることで、議決権をオーナーに引き続き留保することができます。

(3)　後継者を受益者として財産権を贈与する

　株価を計画的に下げ、そのタイミングで後継者に株式を移転し、後継者の納税負担を下げることの検討も行っていきます。信託では株主が受託者になりますが、株式にある議決権と財産権の2つの権利を分割する仕組み（「第1編3-1　自社株の承継対策に信託を活用する」63ページ参照）のため、後継者を受益者とすることで、株式そのものを後継者に贈与することと、税務上同じ効

果を得ることができます。オーナーが元気な間に後継者を受益者にすれば、株式の財産権を計画的に贈与することも可能です（「第２編３-３　受益者等の変更があった場合」118ページ参照）。

これらを比較した結果、当面の間オーナーが議決権を行使できることと、納税に向けた計画的な準備も可能であることから、信託を利用して自社株を後継者に承継していくことにしました。

後継者が受託者を務める信託で、後継者が受益権の全部を有することになり、そのままで１年が経過すると、信託は終了することになります（信法163二）。オーナーが元気なうちに、受益権の全部を後継者が有することを予定しているときには、一般社団法人など、後継者以外の者を受託者とすることを検討するとよいでしょう。

４　信託の仕組みの解説

⑴　信託財産

信託財産は、中小企業オーナーが所有していた株式です。オーナーは持株のすべてを信託することにしました。

⑵　委託者・受託者・受益者

委託者は、自身が所有する株式を後継者に承継したいと思っているオーナーです。

後継者が受託者を務めます。委託者のオーナーと受託者の後継者との間で信託契約を締結します。受託者は、オーナーが有していた全ての株式を、信託契約の規定に従って管理・処分します。信託開始以降、受託者は信託財産である自社株の株主となります。受託者は株主として議決権を行使し、会社から配当を受領します。受領した配当は、受託者が管理し、受益者に給付します。

受益者は、この信託の委託者であるオーナーです。委託者が受益者となる自益信託のため、信託を設定したときに、受託者にも受益者にも課税関係は生じません（「第２編２-１　信託設定時の課税関係の基本」103ページ参照）。

⑶　受託者の議決権行使について

受託者は、株主総会で議決権を行使します。この信託では、オーナーが元気

なうちは、オーナーが受託者に議決権行使を指図し、その指図に従って受託者が議決権を行使するよう信託契約に規定しました。

(4) 信託の終了事由

　受益者のオーナーが亡くなったとき信託が終了すること、受益者と受託者の合意により信託を終了できることを信託契約に規定しました。この規定以外に、信託法の終了事由（信法163）に該当すると信託は終了します。

(5) 受益権の譲渡

　受託者が書面により承諾することで、受益者は、受益権の一部又は全部を譲渡することができるよう信託契約に規定しました。そのことによって、将来、株価が下がったときに、オーナーの受益権を後継者に譲渡することができるようにしました（注：無償または低額で譲渡すると、税務では相続税評価額との差額は譲受者（後継者）は譲渡者（オーナー）から贈与を受けたものとされ、贈与税が課税されます）。すべての受益権を、受託者を務める後継者が譲受し、その状況が1年経過すると信託は終了することになります（信法163二）。受益権の譲渡は税理士が株価を算定し、そのタイミングを慎重に判断しなければなりません。

(6) 信託が終了したときの信託の残余財産の帰属権利者

　オーナーが亡くなることで信託が終了したとき、信託の残余財産の帰属権利者を後継者としました。後継者は、残余の信託財産を遺贈により取得したとみなされ相続税が課税されます（「第2編4-1　信託終了時の贈与税・相続税」127ページ参照）。

　受益者と受託者の合意で信託が終了したときには、信託が終了したときの受益者を、信託の残余財産の帰属権利者とすることにしました。

　信託契約には、上記の(1)から(6)について規定しています。

3-3　信託の仕組み図

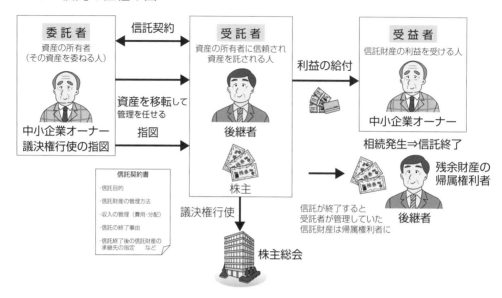

5　信託の検討とあわせて行うこと

(1)　オーナーが持つ資産内容とその額を把握し、個人資産のB/S（バランスシート）を作る

　信託を検討するとともに、オーナーの資産の内訳と資産額を把握します。自社株はその時点での相続税評価額を算出します。土地も相続税評価額を算出します。中小企業オーナーが個人で契約している生命保険契約をすべて把握します。死亡保険金の額と死亡保険金受取人を確認します。

　資産額が把握できたら、その時点での相続税額を試算します。相続税は、将来に生じる債務として、個人資産のB/Sでは負債に位置付けます。

(2)　資産の流動性を確認

　相続税額が試算できたら、その時点で、オーナーの資産のうち、現預金、上場株などの有価証券、生命保険の受取保険金といった流動性の資産で納税資金が確保できるかを確認します。

　これらの資産で納税が難しい場合、納税資金を確保する方法の検討を始めます。

(3)　生命保険

　後継者が、信託を通じてオーナーの自社株を取得することで、後継者の相続税の納税資金と、後継者以外の相続人の遺留分を侵害することへの備えとして、生命保険の役割は重要です。オーナーは75歳ですが、資金が不足すると考えられる場合には、保険の専門家を交えて追加の契約などを検討する必要もあるでしょう。

(4)　後継者以外の相続人が相続する資産

　後継者以外の相続人が、オーナーのどの資産を相続するか、オーナーの意向を聞き、その内容がわかるとよいでしょう。その内容から、各相続人が相続する資産で、遺留分を満たせるかの確認も必要です。

(5)　オーナーの退職金

　その時点のオーナーの資産に、今後受け取る退職金は組み込まれていないでしょう。退職金はいくらを予定しているか？　それがわかると対策もより明確になります。また、それに合わせて会社の退職金の準備状況も確認することが必要です。

3-4　オーナーの個人資産のB/Sイメージ

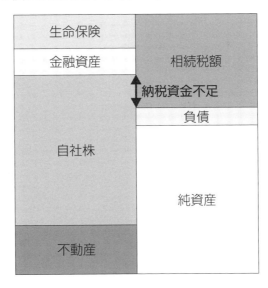

⑥　株式を信託する前に必ず行うこと

(1)　定款の確認

　発行会社は株券発行会社であるか株券不発行会社であるかを確認します。株券発行会社の場合、受託者は委託者から株券の引き渡しを受け、その株券を管理する必要があります。

　未上場会社である中小企業の株式は譲渡制限が付されているため、譲渡承認機関を確認します。当会社は取締役会設置会社で、取締役会で承認することになっていました。

(2)　取締役会での株式譲渡承認

　オーナーの株式を信託するため、株式を受託者に移転（信託譲渡）することについて、オーナーが取締役会に申し出て、取締役会の承認を得ておきます。

⑦　信託した後に受託者が行うこと

　信託契約を締結したら、受託者は速やかに会社に申し出て株主名簿の書換えを請求します。株主名簿が書き換えられていないと、受託者は第三者に対抗することができません。

事例
2

相続税対策も踏まえて後継者に自社株を承継する信託（自己信託）

第1章　中小企業オーナーの活用事例

この信託で実現できること

* 自社株式の財産権と議決権を2つに分け後継者に計画的に財産を承継できる
* 一時的な理由で株価が大きく下がったタイミングで後継者に自社株の財産権だけを贈与できる
* まだしばらくの間、中小企業オーナーが経営を続けるため、オーナーは引き続き議決権を確保できる

❶ クライアントの相談内容

　顧問税理士は設立して20年経った中小企業のオーナーから、後継者への自社株承継について相談されました。

　オーナーの長男は35歳。大学卒業後、大手の会社に勤務した後、5年前にオーナーの会社に入社しました。現在、営業部に所属し営業の最前線で働いています。長男は会社を継ぎたいという思いがあり、オーナーもいずれは会社を長男に託したいという思いがあります。

　会社はこれまで順調に売上を伸ばしてきましたが、コロナウイルス感染症の流行の影響を受け、前期大幅な赤字となり、大きな打撃を受けました。今年に入り引き続き外部環境が悪いなか、経営改善が功を奏し、売上も次第に増え、収益も改善し、今後はまた順調に黒字を増やしていける見通しが立つようになりました。

　そのような状況を踏まえて、オーナーは、一時的な要因で株価が下がっている今、後継者へ自分が所有する自社株を移すことを検討していると、顧問税理士に相談しています。

　しかし、そのような考えがある一方で、まだ35歳の長男に株式を持たせるこ

161

とへの不安もあります。長男が株を持てば、会社の経営は株主である長男の意向により決定することになるからです。オーナーは63歳。健康面も問題なく、引き続き社長としてまだ当分の間は経営していくつもりです。

　そのような悩みを聞き、オーナーの希望を実現することができないか、顧問税理士は検討を始めました。

3-5　中小企業オーナーの家系図

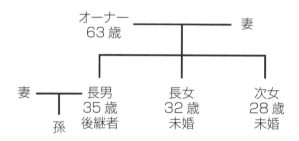

❷　税理士が考えた懸念・課題・問題点

(1)　後継者への自社株承継にこのタイミングを活かしたい

　2020年からのコロナウイルス感染症の流行により、経済は一時的に大きく悪化しました。当会社もその影響を受け、大幅に売上が減り、損益も赤字となりました。その結果、当会社の株価は大きく下がっています。しかし、状況が回復すれば、当会社の業績は回復することが見込め、株価は早期に回復し上昇することが予想されます。後継者への自社株承継における税負担を考えると、この大きな株価下落を積極的に活用したいと顧問税理士は考えています。

(2)　後継者への自社株承継はまだ早い

　後継者の納税負担を考えると、よいタイミングと思えますが、オーナーの年齢や健康状況、後継者の当会社での地位、実績などを踏まえて考えると、オーナーの株式を今すぐに後継者に移転するのは早いと考えます。後継者の納税負担を下げられるというだけで自社株承継を急いで進めるのは、早計です。

(3)　信託を利用すればこのタイミングを活かせる

　このタイミングで行いたいのは、相続税の課税対象となる財産の後継者への

移転です。株式を所有していることで、オーナーは株式の財産権と議決権の2つの権利を持っています。信託の分ける機能（「第1編1-8　信託の便利な機能①　資産の権利を分ける機能」25ページ参照）を使い、自社株式の財産権だけをこのタイミングに後継者に移すことは、有効な方法なのではと、顧問税理士は考えます。

　信託は、資産所有者の判断能力の低下に備え活用するものと思われていますが、資産所有者が若くても活用できる信託の仕組みもあるのではと、顧問税理士は思うのです。

❸　自己信託を検討する

(1)　贈与と信託の比較

　オーナーが後継者に株式を贈与すると、株式の所有者は後継者になります。所有者として後継者は株式の財産権（株式の配当を受領する権利・残余財産の分配を受ける権利）と、株主総会で議決権を行使する権利の2つを取得します。

　信託では、オーナーの株式が受託者に移転し、受託者が株主となります。受託者は、受益者のために信託財産の自社株を受託者の固有資産と分別して管理します。

　株式の財産権は受益者が有します。受託者が会社から配当金を受領して、その配当金を管理し、受益者に給付します。

　株式の議決権は受託者が有します。議決権の行使は受託者が行います。

　このように信託では、株式の財産権は受益者が、株式の議決権は受託者が有することになり、株式の2つの権利を分けることができます。

(2)　自己信託とは

　信託は3つの方法で行います（「第1編1-5　信託のしかた　信託行為」16ページ参照）。この3つの方法のうちの1つ、自己信託を、このオーナーの後継者への自社株承継方法として利用することを検討します。

　自己信託は、委託者が一定の目的に従い自己の有する一定の財産の管理又は処分及びその他の当該目的達成のために必要な行為を、自らすべき旨の意思表示（信託宣言）を公正証書等ですることにより行う信託です。

　　委託者自身が受託者になり、委託者の資産のうち一定の資産を信託財産とし、委託者の固有資産とは分別して、信託財産を管理・処分する仕組みです。

　　事例1は、委託者はオーナー、受託者は後継者、受益者はオーナーの信託でした。本事例では、委託者はオーナー、受託者もオーナー、受益者を後継者とする信託を検討し、一時的に価額が大きく下がった自社株式の財産権を後継者に承継していく仕組みを検討します。

3-6　自己信託

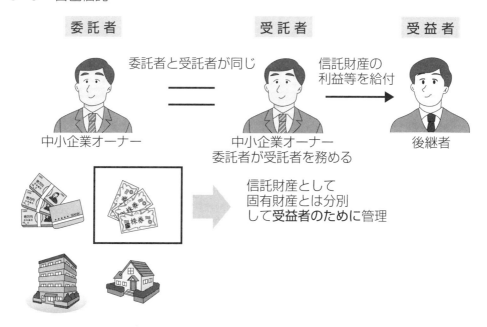

委託者	受託者	受益者
委託者と受託者が同じ	信託財産の利益等を給付	
中小企業オーナー	中小企業オーナー 委託者が受託者を務める	後継者

信託財産として固有財産とは分別して受益者のために管理

(3)　オーナーが受託者として議決権を行使する

　　自己信託では、自社株を信託したオーナーが、受託者として議決権を行使します。信託しても議決権の行使は引き続きオーナーのままで変わりません。

(4)　後継者を受益者とする

　　株価が大きく下がったタイミングで株式の財産権を後継者に移転したいため、自己信託の受益者を後継者とします。後継者は、受益権を取得することに何ら対価を負担していないので、自社株を委託者から贈与により取得したものとみなされ、信託開始時の株価で贈与税が課税されます（「第2編1-4　相続税・贈与税関係」98ページ参照）。

受益者の後継者が、信託の終了時に、信託の残余財産の帰属権利者になっていれば、残余財産を受ける者が、信託終了直前の受益者と同じであり、実質的な信託財産の移転はないため、課税関係は生じません（「第2編4-1 信託終了時の贈与税・相続税」127ページ参照）。

自己信託を活用することで、一時的に価額が大きく下がった自社株式の財産権を後継者に渡し、価額の下がった株価で後継者が贈与税を納税することで、議決権はオーナーが有したまま財産権を後継者に移転することができそうです。

株価は下がったといっても、贈与税の負担が大きくなるため、顧問税理士は、相続時精算課税制度の利用を検討します。この制度の利用は、オーナーの相続時の株価が今の株価よりも高くなることでメリットが生じます。オーナーの相続時の株価が、今の株価よりも下がっていると、制度の利用で納税が不利になるというリスクを、オーナー、後継者、そして後継者以外のオーナーの相続人に説明し、理解を得ておくことも必要と、顧問税理士は考えています。

④ 信託の仕組みの解説

(1) 信託財産

信託財産は、中小企業オーナーが所有していた株式です。オーナーは持株のすべてを信託することにしました。

(2) 委託者・受託者・受益者

委託者と受託者をオーナーとする自己信託です。オーナーは、自己信託設定公正証書を作成し、自己信託の意志表示をします。

オーナーは受託者として信託した自社株式をオーナーの固有財産とは分別して管理・処分します。信託開始前と同様に、オーナーは株主として議決権を行使し、会社から配当を受領します。受領した配当は、受託者であるオーナーが管理し、受益者に給付します。

受益者は、後継者です。後継者が受益者となる他益信託のため、後継者が贈与税を納税します（「第2編2-1 信託設定時の課税関係の基本」103ページ参照）。

(3)　信託の終了事由

　　受益者と受託者の合意により終了できることにしました。この規定以外にも信託法の終了事由（信法163）に該当すると信託は終了します。

　　すべての受益権を有する受益者が後継者です。受託者を変更して後継者にし、受益者は変わらずにそのまま1年が経過すると、信託法の規定で信託は終了してしまいます。

　　将来、後継者を受託者とし、自社株の管理・処分を任せようとオーナーが思ったときには、信託を終了して、自社株を後継者の固有財産にするという選択になるでしょう。

　　オーナーが、後継者に会社の代表権と議決権を引き継いで完全引退してもよいと思えるようなときになったら、受託者のオーナーと受益者の後継者が合意して信託を終了させるのが想定しているシナリオです。

　　しかし、人間が亡くなる順番は年の順とは限りません。信託期間中に後継者が亡くなることも想定しておく必要があります。この事例では、その場合には、後継者の子（オーナーの孫）を受益者とすることとしました。万が一、後継者がオーナーより先に亡くなることへの備えについても検討します。孫が受益者になることで生じる相続税の負担への対策として、後継者は生命保険の新たな契約を検討します。

　　オーナーは受託者のため議決権行使を行えます。まだ若い孫が受益者になっても、オーナーが健康で判断能力が低下しない限り、後継者が突然亡くなっても議決権行使が滞ることはありません。

(4)　信託が終了したときの信託の残余財産の帰属権利者

　　信託が終了したとき、信託の残余財産の帰属権利者を信託終了時の受益者としました。後継者が受益者のままで信託が終了すれば、残余の信託財産である自社株を得ても後継者に贈与税の課税は生じません。

　　自己信託設定公正証書に、上記の(1)から(4)について規定しています。

3-7 信託の仕組み図

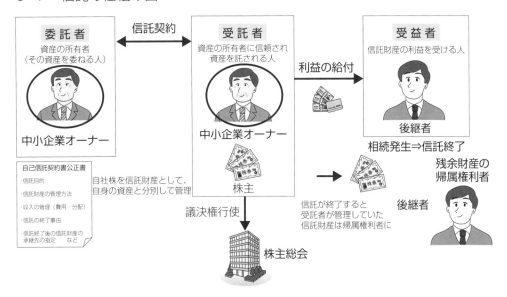

5 信託の検討とあわせて行うこと

(1) 後継者への事業承継計画

後継者の長男は、会社を継ぐ気持ちがあり、自社での経験を積んでいます。今後、どのようなスケジュールで後継者へ事業を継いでいくかの計画を作り進めていくとよいでしょう。

中小企業オーナーが引退する時期に向けて退職金の資金準備も計画的に進めるとよいでしょう。

(2) 万が一への備えができているかを確認

事業承継の時期はまだ先のため、その間に社長である中小企業オーナーに万が一のことが起こったときのことも検討しておく必要があります。突然、社長が亡くなることは、会社の経営にも影響します。会社での生命保険契約を確認し、万が一の際の保障は足りているかを確認します。同時に家族への影響を軽減するため、オーナーが保証している債務額なども確認し、オーナー個人で契約している生命保険契約の内容も確認しておくとよいでしょう。

自己信託を利用して、後継者を受益者にして、自社株の財産権を後継者に移しています。信託期間中に、万が一受益者の後継者が亡くなったときは、受益

者はオーナーとする信託の仕組みとしました。受益者が亡くなると、オーナーに相続税の課税が生じます。後継者を被保険者とする生命保険契約の検討も必要でしょう。

６　株式を信託する前に必ず行うこと

信託する前に、定款の確認と株式の譲渡承認は、事例１に記した事項・手順で行います。

７　信託した後に受託者が行うこと

信託後、オーナーは受託者として株主になっています。信託前にオーナーが所有していた株式は、信託で、オーナーの固有財産から、信託財産となっています。信託後、受託者は信託した株式について、信託財産であることを株主名簿に記載するよう会社に申し出て、書き換えてもらわなければなりません（会法121、154の２）。

column

信託した株式には事業承継税制は適用されない

　後継者への自社株承継に、事業承継税制の利用を考えている中小企業オーナーは、自社株を信託してはいけません。株式を信託した受益権には事業承継税制は適用されません。

　家族信託における課税は、ほぼ受益者等課税信託が適用されます。受益者が信託財産を有するとみなして受益者が課税されます。法人税、所得税に関する租税特別措置法では、受益者が信託財産を有しているとして特例を認めています。

　しかし、自社株の納税猶予制度（事業承継税制）を規定する租税特別措置法は信託受益権に対する特例適用を認めておらず、非上場株式を信託した場合には、この特例は適用されません。

　自社株の管理と承継に家族信託は大変有効な方法です。しかし、自社株の承継において、後継者の課税負担が大きくなることから、それを猶予することで対応しようと考えている中小企業オーナーには、信託の活用をすすめられません。

　アドバイスをする専門家は、自社株承継における後継者の税負担についてどのように考えているか、まずは中小企業オーナーの意向を確認・把握するように務めていただけたらと思います。

column

議決権の評価

　税務では、議決権は原則として財産価値がないという実務が行われています。

１．議決権には財産価値がないとする理由

　国税庁は、中小企業庁に対して文書回答という形で種類株式の評価方法を明確化しました。この回答では、「無議決権株式については、原則として、議決権の有無を考慮せずに評価することとなる」という記載があります。

　それに加えて、「種類株式の評価について」（（情報）国税庁資産評価官情報第１号（平成19年３月９日））を公表しています。

　https://www.nta.go.jp/law/joho-zeikaishaku/hyoka/070309/01.htm
＿この（情報）の中にも上記と同趣旨の解説がなされています。

２．中小企業庁中間整理（平成20年９月１日）

　中小企業庁は、平成20年６月に「信託を活用した中小企業の事業承継円滑化に関する研究会」を設置し、信託スキームについて紹介しています。

　「信託を活用した中小企業の事業承継円滑化に関する研究会における中間整理について」

　https://www.chusho.meti.go.jp/zaimu/shoukei/2008/080901sintaku.htm

　この中間整理では、相続税法上の株式の評価において、原則として、議決権の有無を考慮せずとして扱っていますが、議決権指図権の評価には検討を要するものとしています。

３．議決権の価値はゼロなのか

　自社株式の相続において、後継者以外の相続人に指図権がなく、実質株主として議決権行使をする機会もないとなれば不満が生じる可能性はあります。株主総会で過半数の議決権がなければ、配当金を収受することはできません。株主としての利益は何もないことになります。同族法人において役員になっている株主は、法人税等を払った後の利益に配当するよりも、役員報酬により利益を得ることの方が合理的という考え方をするでしょう。

　議決権指図権を持たない受益者に対しての一定の配慮が必要と思われます。

地主の活用事例

第2章

賃貸不動産の価値を維持し後継者に承継する信託

この信託で実現できること

* 将来、地主が認知症になっても、安定した賃貸事業を継続できる

* 賃貸不動産の経年劣化に対応し、建物の価値を維持できる

* 修繕にむけた計画的な資金を準備できる

* 予定通り借入金を返済できる

* 収入を管理し、費用を支払い、借入金を返済できる

* 高齢の地主に生活費・療養費などをわたすことができる

* 価値ある賃貸不動産を後継者に承継することができる

① クライアントの相談内容

　地主の長男が、顧問税理士に相続税対策について相談しています。

　父は82歳になりました。祖父から相続した土地に、父が相続税対策として賃貸アパートを2棟建築しました。1棟は建築して20年、もう1棟は15年が経過しています。それぞれ借金の返済が進んだため、相続税対策としてさらにもう1棟アパートを建てるべきか検討しています。父は、この頃、物忘れが多くなり、ときどき変なことをいうようになり、認知症の初期症状ではと心配しています。母は5年前に亡くなりました。妹は、夫の仕事の関係で遠方に住んでおり、私が父の賃貸事業を引き継がねばと、妹と話し合っています。父も私を後

継者にするといっています。借入金の返済が進むと相続税を多く納税することになるのではないでしょうか。何よりも相続税のことが一番心配です。もう1棟、アパートを建築した方がよいのではと考えています。先生のご意見はいかがでしょうか。

3-8　家系図

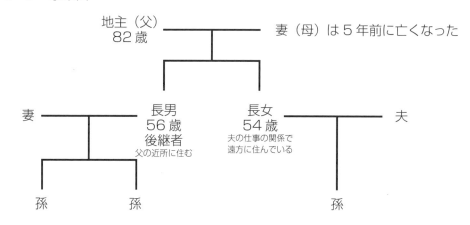

3-9　地主の個人資産の概略

種類	内容		金額（万円）		
金融資産	預金		4,000		
	有価証券（金融商品）		500		
生命保険	終身保険		2,000		

種類	内容		金額（万円）	個数	状況
不動産	土地	自宅土地	2,000	1	
		賃貸アパートが建つ土地	10,000	2	
		雑種地	5,000	2	1つは駐車場として賃貸
	建物	自宅	500	1	築30年
		賃貸アパート	7,000	2	築20年と築15年

資産合計 31,000
不動産の額は固定資産税評価額

借入金残高	9,000万円

❷　税理士が考えた懸念・課題・問題点

(1)　賃貸アパートに関する契約

地主の判断能力が著しく低下してしまうと、賃貸不動産に関する契約ができ

ません。貸す、直す、建て替える、売るなどはすべて契約のため、賃貸不動産の管理・処分ができなくなります。

⑵　賃貸アパートの価値の維持

建築して20年が経過した賃貸アパートは、今後、価値を維持していくことが重要です。価値の維持には、定期的な修繕の実施が欠かせません。修繕にむけて計画的な資金準備が必要です。地主の判断能力が低下し、それが進んでいくと、地主は、賃貸アパートの状況に応じた修繕を行っていくことができません。修繕しないアパートは競争力がなくなり、空室が増え、家賃が下がり収入が減ります。収入が減ると、地主の生活資金を確保するどころか、借入金の返済が滞ることにもつながります。地主の判断能力が低下しても賃貸アパートの価値を維持し続けられることが必要です。

⑶　資産の承継について

長女は遠方に住んでいるため、長男が賃貸アパートと土地を継ぐのがよいと、家族でも意見がまとまっているようです。地主の意向について家族でも話し合い、地主の相続では、賃貸アパートと土地とそれに紐づく債務を後継者の長男に引き継げるよう準備が必要です。

⑷　相続税対策について

地主の妻はすでに亡くなっているため、配偶者の税額の軽減がなく、相続税の課税が気になります。さらに、借入金の返済が進むと残債が減り、相続税が多く課税される可能性が増します。そのため、新たにアパート建築を検討する方も多いでしょう。しかし、新たにアパートを建築することのリスクも十分な検討が必要です。その土地の立地で賃貸需要がどのくらいあるのか？　建てたものの、将来、負の遺産とならないよう、不動産の専門家の意見を聞きながら事業計画をしっかりと検討する必要があります。

不動産の専門家に、駐車場として賃貸している土地と自宅の土地に賃貸アパートを建築することについて検討してもらいました。立地から賃貸需要を予測し、長期の収支を検討したところ、その土地で賃貸事業を始めることをお勧めしないという意見でした。

新しい賃貸建物を建築すれば、新たな借入れにより相続税の対策にはなるも

のの、賃貸事業として考えると魅力的でない土地に無理をして建物を建築する必要はないと顧問税理士は考えました。

3　信託を検討する

(1)　後継者の長男が賃貸アパートを管理する

　82歳の地主が、亡くなるまで自身で賃貸アパートを管理し続けるのは大変です。賃貸アパートは、賃貸管理、賃貸アパートの価値の維持、借入金の返済などさまざまなことを所有者が行っていかなければなりません。賃貸管理会社に業務を依頼することなどで所有者の手間を減らすことは可能ですが、賃貸アパートに関して何かを実施しようとすると、所有者が判断し、相手方と契約して行わなければならないことが多数あります。

　賃貸事業の後継者の長男が受託者となることで、まだ地主の判断能力が確かなうちに、賃貸事業を地主から長男にバトンタッチすることができます。

(2)　安定した賃貸事業を継続する

　賃貸アパートの空室を増やさず、家賃収入を今の水準から減らさずに確保することができれば、賃貸事業は今後も安定します。しかし、アパートは経年劣化します。今の家賃収入を減らさないために、賃貸アパートの経年劣化に対応し、計画的に修繕していくことが必要です。

　信託することで受託者が計画的に修繕を行っていくことにより安定した賃貸事業の継続を目指します。

(3)　修繕に備える

　修繕は多額のお金がかかります。修繕計画を作成し、修繕にむけて資金を準備することが必要です。修繕のために家賃収入の一定額を計画的に積み立てていきます。

　受託者が家賃収入を管理し、計画的な積み立てを行っていくことで、将来の修繕に備えていきます。

(4)　受託者が借入れもできるようにする

　計画的な積み立てを行っていても、資金が不足することもあります。また、賃貸アパートが老朽化したため建て替えが必要になることもあるでしょう。必

要な資金を金融機関から借り入れて賃貸事業を継続していくために、受託者が金融機関より必要資金の借入れができるような信託を検討します。

(5) 地主の相続時に借入金の残額を債務控除する

地主は、相続税の課税を減らすことも考えて、賃貸アパートを建築しました。債務があれば、地主の資産からその債務を控除することができ、相続税の課税対象資産は少なくなります。

賃貸アパートを信託しても、地主の相続税の課税を減らしたいという意向を実現していかなければなりません。

信託する賃貸不動産に関する借入れの残債務が控除できるような信託を検討していきます。

4 信託の仕組みの解説

(1) 信託財産

信託財産は、2棟の賃貸アパートとその賃貸アパートが建つ土地、金銭です。

金銭は、アパートの預かり敷金、今後の修繕への準備や管理費用をふまえて、1,000万円にしました。

(2) 委託者・受託者・受益者

委託者は地主、受託者は長男、当初の受益者は地主で、地主が亡くなったら次の受益者を長男とします。受託者が受益権の全部を固有財産で有したまま、1年が経過すると信託は終了することになるため（信法163二）、1年経過する前に受益者と受託者である長男が信託を終了させることを想定しています。信託期間中に長男が亡くなる又は信託事務ができなくなったときに備えて、後継受託者を長女とします。

(3) 受託者の信託事務

受託者は、賃貸アパートを、第三者へ賃貸すること、修繕すること、建て替えること、適正な火災保険を契約することを行います。信託期間中、信託財産の管理・処分のために必要となる資金を、受託者が借入れできるよう信託財産（不動産）に担保権の設定ができます。

賃貸収入から信託財産に関する費用や、固定資産税などの税を支払います。

修繕に備えて賃貸収入の一定額を積み立てていきます。賃貸収入から、費用と積み立てと債務を返済した残りの金額を、受益者の生活や福祉を確保するための資金とし、受益者に給付します。

⑷　信託の終了事由

受益者と受託者の合意により終了にします。信託法に定められた終了事由が生じたときにも信託は終了します。当初の受益者である地主が亡くなると、次の受益者は長男となります。受託者の長男が固有資産で受益権のすべてを有することが1年継続すると、信託法の規定により信託は終了してしまいます。そのため、受益者が長男となってから1年以内に信託を終了することを想定しています。

⑸　信託が終了したときの信託の残余財産の帰属者

信託が終了したとき、信託の残余財産の帰属権利者を、信託が終了したときの受益者とします。

⑹　信託する前にした借入れについて

賃貸アパートの建築資金として金融機関から借入れた債務について、その残債務を、信託財産責任負担債務（「第1編2-5　信託財産責任負担債務」45ページ参照）と信託契約に定め、受託者が債務を引き受けます。受託者は、賃貸アパートの収入から借入れを返済していきます。

3-10　信託の仕組み図

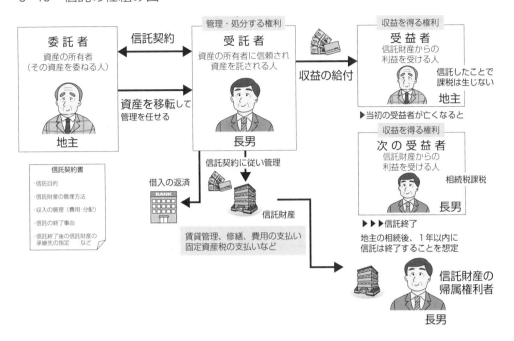

⑤　信託が始まるまでの作業工程

　賃貸不動産の信託は、信託が始まるまでに多くのことを行っていきます。

(1)　委託者とその家族からヒアリングし、財産の状況を把握する

　信託は資産の管理と承継の仕組みです。委託者となる人が所有する資産の課題・問題を信託で解決することができるかを検討するために、委託者となる人の資産に関する思い、その家族の状況や家族の思いをヒアリングします。信託を検討する資産の状況を確認し、委託者となる人の資産全体の情報も把握していきます。

(2)　信託を検討する

　把握した情報から、信託で課題・問題が解決できるか。委託者となる人の思いを実現するために信託を利用するのがよいかを検討していきます。

(3)　信託契約案を作成し調整する

　検討した信託の仕組みを信託契約案にしていきます。賃貸不動産の信託では、金融機関に信託契約案を提示して事前調整が必要になります。

3-11　信託組成の工程表

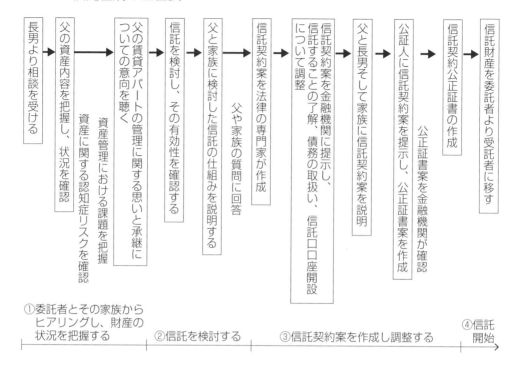

①委託者とその家族から
　ヒアリングし、財産の
　状況を把握する

②信託を検討する

③信託契約案を作成し調整する

④信託
開始

⑥　信託組成の役割分担

　法務、税務、財産管理に関する実務、登記と各分野の専門家と連携して進め
ていきます。また、信託検討段階から金融機関とも相談しながら進めていきま
す。

⑴　信託の仕組みの検討　【税理士と不動産専門家】

　仕組みの検討は、長男より相談を受けた税理士が中心になって行いました。
検討の過程で、賃貸不動産の管理、賃貸不動産の修繕、今後の賃貸料収入の見
込みなど賃貸アパートに関することは不動産の専門家の意見やアドバイスを得
ました。

⑵　信託契約の作成　【弁護士と税理士】

　税理士が検討した信託の仕組みについて弁護士が信託契約案を作成しました。
信託契約案の作成にあたり、税理士と弁護士との間で、修正の依頼や確認など
何度かのやり取りがありました。出来上がった信託契約案を税理士が確認し、
それを地主、長男、長女に説明しました。

(3) 信託により生じる課税の確認【税理士】

　税理士は、信託設定時、信託期間中、信託終了時で生じうる課税の確認をします。特に、地主が亡くなったときに発生する相続税について、賃貸アパートの建築で借入れた債務が残っているときに、その債務を控除することができる信託の仕組みであるかも重要なポイントとなります（「第2編4-1　信託終了時の贈与税・相続税」127ページ参照）。

(4) 金融機関との調整　【弁護士と税理士】

　地主の賃貸不動産の信託では、賃貸不動産を受託者に所有権を移転（信託する賃貸不動産の所有権を委託者の地主から受託者の長男に移転）することの金融機関の承諾、信託口口座の開設、受託者の債務引受の3点について、事前に金融機関と調整する必要があります。

　賃貸建物の建築のために、地主は金融機関より資金を借入れ、賃貸建物とその建物が建つ土地に抵当権を設定しています。借入れの際に金融機関と地主が締結した金銭消費貸借契約には、担保を譲渡する際は事前に金融機関の承諾を得る必要があると、規定されています。

　当初信託財産として信託した金銭と、賃貸不動産の家賃収入を管理する信託口口座を金融機関に開設します。受託者は、信託財産を受託者の固有財産とは分別して管理するために、信託口口座の開設が必要です。

　受託者が地主の債務を引き受け、賃貸建物建築の債務の返済を信託財産より返済していきます。

　これらのことを実現するために、信託契約案を作成した弁護士は、金融機関に信託契約案を提示し、事前に調整を行いました。調整には税理士も関与しました。

(5) 公証人との調整　【弁護士】

　金融機関との調整が終了したのち、弁護士より公証人に信託契約案を提示しました。

(6) 信託登記　【司法書士】

　信託契約公正証書案を司法書士に提示し、信託目録案の作成を行いました。

７　信託組成後に必要な事務

　賃貸アパートとその土地は、信託契約公正証書を作成したら速やかに、委託者の地主から受託者への所有権移転の登記と信託の登記をします。登記は司法書士が担当します。

　金銭については、信託財産を管理する専用の信託口口座を開設します。委託者より、信託する金銭を開設した信託口口座に送金します。

事例 2 賃貸収益を配偶者へと承継する信託

この信託で実現できること

＊　将来、地主が認知症になっても、安定した賃貸事業を継続することができる

＊　地主が亡くなったのち、賃貸マンションの収入を地主の妻が得ることができる

＊　地主が亡くなったのち、地主の妻の判断能力が著しく低下しても、安定した賃貸事業を継続することができる

＊　地主は遺言では実現できない賃貸マンションの管理と承継を実現できる

■1 クライアントの相談内容

　クライアントの地主は78歳です。18年前に賃貸マンションを建築しました。マンションを建築した土地は、立地もよく家賃収入も安定しています。収入から費用を払い借入れを返済し、修繕積立金を控除しても残りがあり、老後生活資金の不安もないと、地主はいっています。地主の相続では、このマンションを妻に相続し、地主が亡くなった後も妻が安心して生活できるようにしたいといいます。しかし、妻はこれまで賃貸マンションの管理に一切携わらなかったため、今よりもさらに年をとった妻が、マンションを管理するのは難しいだろうと、地主は心配しています。自身の相続では妻にマンションを相続し、妻が亡くなったときには、地主の近くに住み、地主の仕事も手伝ってくれる次男に継がせたいと思っています。

3-12　家系図

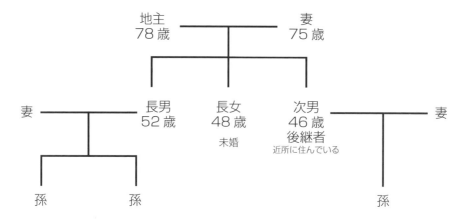

②　税理士が考えた懸念・課題・問題点

(1)　賃貸マンションの管理

　建築して18年が経過したマンションは、外壁の補修、屋上の補修や防水工事、鉄部の塗装、エレベータの修繕など、今後、建物維持のために定期的に多くの修繕をしていかなければなりません。今は地主も元気で問題ないのですが、今後、管理の手間を地主が煩わしく感じるようになり、高齢により判断能力が低下してマンションの賃貸経営が難しくなるかもしれません。地主に代わり他の家族が賃貸マンションを管理する仕組みが必要でしょう。

(2)　地主の相続ではマンションを妻に相続

　地主と妻の年齢差は3歳です。どちらが先に亡くなるのかはわかりません。統計では女性の方が長生きのため、まずは、地主から妻への相続の課題を整理し、対策を検討する必要があります。相続税の納税額はいくらになるか、納税資金にあてられる流動資金はどのくらいあるか、といった相続税に関する課題がまず思い浮かびます。これについては、地主の資産を把握し、まず今の資産状況で相続税の試算をします。

　一方、税にもまして課題と思えることがあります。妻が相続するマンションの管理です。妻はこれまでマンションの管理をしたことがないとのことでした。高齢になり、今までやったことのない仕事をするのはかなり大変なことです。地主が亡くなった後、妻が安心して生活できるよう、マンションの収入を妻に

得てもらいたいと地主は思っています。しかし、マンションを相続した妻がすでに判断能力を著しく低下させていた場合、妻はマンションの管理ができません。男性に比べ、女性の方が認知症になる率も高いといわれており、相続でマンションを妻に継ぐのは大きな課題があります。

(3)　後見制度と遺言ではできないこともある

　今は、地主と妻ともに健康上の問題はありません。将来、地主の判断能力が著しく低下したら後見制度を利用し、後見人がマンションを管理する方法もあります。法定後見ではなく、家族が後見人として管理する任意後見の利用を検討するのもよいかもしれません。任意後見の検討に加えて、マンションを妻が相続できるよう遺言も作成します。

　しかし、地主の相続が発生したとき、妻の判断能力がすでに著しく低下していると、妻の資産管理に法定後見制度の利用が必要となります。

　後見人に管理をしてもらえば、妻の老後生活に問題はないと思われますが、課題があります。家賃収入を維持し空室率を上げないために、マンションの競争力を確保し続けなければなりません。法定後見制度では、マンションの価値を維持するために積極的に修繕することは難しいと考えます。妻の預金を取り崩し修繕することは、妻の資産を減らすことでもあり、後見人は積極的な修繕は行わないでしょう。賃貸マンション経営の観点からの修繕と、被後見人の福祉を確保し資産を保全する観点には、相違があります。

　妻の資産承継に、妻の希望を実現するには遺言があるとよいでしょう。しかし、地主が亡くなるまでの間、マンションは地主が所有する資産です。地主は、妻を経由して最終的には次男にマンションを承継したいと思っています。妻へ相続した資産は、妻が遺言で承継先を決めておかなければ、妻の相続人が遺産分割をすることになります。マンションは地主が亡くなった後に妻の所有となるため、妻の所有となった以降に遺言を作成し承継先を指定しなければなりません。地主が亡くなったときにすでに妻の判断能力が著しく低下していたら、遺言は作成できません。地主から妻に相続された資産は相続人の遺産分割の対象となり、地主の次男へ承継したいという思いは実現できないかもしれません。

3-13　マンションの価値を維持し、妻そして次男に相続することの課題

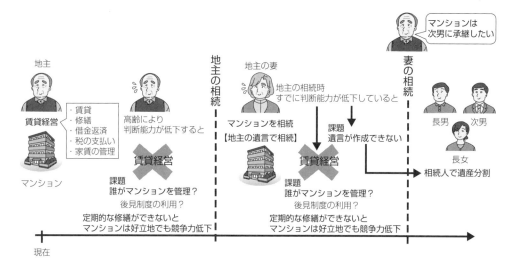

3　信託を検討する

⑴　今後も引き続き安定した賃貸収入を得られるよう受託者がマンションの管理を行う

　地主は78歳です。今は健康で判断能力も問題ありませんが、今後、歳をとっていくことで判断能力が低下することも考えられます。地主が元気なときに信託を始め、後継者と決めた次男を受託者として、次男がマンションの賃貸管理、修繕、債務の返済などを行っていくことを検討します。

⑵　地主が亡くなった後もマンションの管理を受託者が行う

　地主が亡くなり、賃貸マンションを妻に相続すると、妻がマンションを管理していかなければなりません。妻は、これまで賃貸マンションの管理に一切かかわっていません。さらに高齢になってから、はじめて賃貸マンションを管理することは、とても厳しいことでしょう。

　また、地主の相続時に、妻がすでに判断能力を著しく低下させていたら、妻は法定後見制度の利用が必要となるかもしれません。

　地主が次男を受託者とする信託を利用し、地主と妻のために賃貸マンションを受託者の次男が管理することにすると、妻の判断能力が低下しても、賃貸マンションの管理が滞りません。

(3) 妻を受益者として妻に老後資金等を給付する

　地主が亡くなった後、妻を受益者とする信託とすれば、妻はマンションの賃貸収入を得ることができ老後資金も安心です。

(4) 信託が終了したときの残余の信託財産の帰属権利者

　地主は、最終的には、賃貸マンションを次男に承継したいと思っています。地主と妻の2人が亡くなり、信託が終了し、残余の信託財産の帰属権利者を次男にすれば、地主の賃貸マンションの承継の意向を実現することができます。

4 信託の仕組みの解説

(1) 信託財産

　信託財産は、地主が所有する賃貸マンションとマンションが建つ土地、それに金銭とします。

　金銭は、預かり敷金とこれまでの修繕積立金の合計額4,500万円としました。

(2) 委託者・受託者・受益者

　委託者は地主、受託者は次男とします。当初の受益者は地主で、地主が亡くなったときは、地主が受益者として有していた受益権はなくなり、地主の妻が受益者となり、新たな受益権を取得します。

(3) 受託者の信託事務

　受託者は、マンションを、第三者へ賃貸すること、修繕すること、建て替えること、適正な火災保険を契約することを行います。信託期間中、信託財産の管理・処分に必要となる資金を受託者が借入れできるよう信託財産（不動産）に担保権の設定ができます。

　家賃収入から信託財産に関する費用や、固定資産税などの税を支払うこと、修繕に備えて賃貸収入の一定額を積み立てていきます。賃貸収入から、費用と積み立てと債務を返済した残りの金額を、受益者の生活や福祉を確保するための資金とし、受益者に給付します。

(4) 信託の終了事由

　地主及び妻がともに亡くなったときとします。

(5) 信託が終了したときの信託の残余財産の帰属権利者

　　地主の次男に信託の残余財産を給付します。

⑹　信託する前にした借入れについて

　賃貸マンションの建築資金として金融機関からの借入れた債務について、その残債務を、信託財産責任負担債務（「第１編２−５　信託財産責任負担債務」45ページ参照）と信託契約に定め、受託者が債務を引き受けます。受託者は、賃貸マンションの収入から借入れを返済していきます。

⑺　債務引き受けに関する金融機関との事前調整について

　受託者が債務を引き受けることについて、信託契約を締結する前に、債権者の金融機関と事前に調整をしました。その金融機関が、賃貸マンションの信託を承諾しないことに備え、平行して、信託に対応する金融機関に、信託前に地主が借換え、その借入れを信託財産責任負担債務として受託者が債務を引き受けることが可能かを打診しました。打診した金融機関は借換えの条件を提示し、受託者が債務を引き受けることを承諾しました。その一方で、債務がある金融機関が信託に対応し、借入れも受託者が債務引き受けすることを承諾したため、借換えを行いませんでした。

　この書籍を執筆している時点では、家族信託に対応する金融機関に限りがあります。家族信託に対応しない金融機関の方がまだ多いような状況です。今後、家族信託に対応する金融機関も増えてくると思われますが、借入れのある金融機関や最寄りの金融機関が信託に対応していない場合、信託をスタートさせるために柔軟に対応していくことが必要です。実務経験の多い専門家に相談しながら、委託者の目的を実現する信託を作っていくことができるとよいと思います。

3-14　信託の仕組み図　【受益者連続型信託】

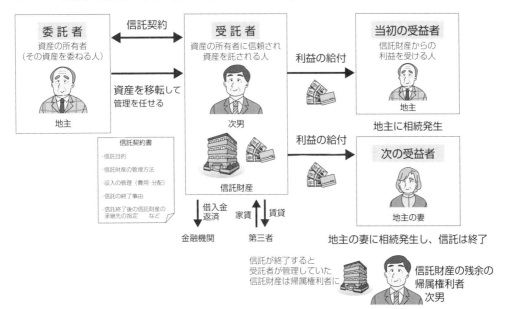

5　信託の費用について

　地主の相談を受けた税理士は、地主の相談を実現する信託を作るために、各分野の専門家に連絡し、信託を作り開始するまでの業務について、各専門分野で支援してもらえるよう依頼しました。

　地主の目的を実現する信託を検討し、信託を開始するまでに各分野の専門家は、それぞれの業務を担当します。それに伴い、各専門家の専門家報酬が発生します。

3-15　信託を開始するまでの各専門家の担当業務

担当業務の内容	担当する者
□　意向と現状把握 　　地主の意向把握と資産状況の把握 □　信託の設計（仕組みを検討） 　　意向と状況をふまえ信託を検討	担当【特に資格要件は問われない】
□　信託による課税の確認 　　相続税（1次、2次） 　　遺留分侵害の確認（時価ベース）	担当【税理士】
□　設計した信託の仕組みを契約書に 　　信託契約案を作成 □　信託契約案を関係先に説明・調整 　　金融機関などへの説明	担当【法律専門職（弁護士・司法書士・行政書士）】
□　公正証書作成 　　信託契約案を公正証書に	担当【公証人】
□　受託者への資産移転 　　信託口口座を開設し資金を移転	担当【委託者・受託者】
□　受託者への所有権移転と信託の登記	担当【受託者が司法書士に委任】

　上記の担当分野で各専門家が業務を担当しました。専門家の報酬について税理士がそれぞれの専門家の見積りを取りまとめ、地主に提示しました。地主はその見積額を把握し、一部の専門家と価格の交渉をした後、各専門家と契約を結び信託を作っていくこととしました。

　報酬については、専門家により料金体系が異なるため統一されたものではありません。多くの専門家は、信託する財産額にその専門家が決めた料率をかける料金体系としているようです。

　上記の各分野をまとめて担当する専門家もあり（例えば、信託の仕組みを検討し、信託契約案を作成し、信託の登記までを司法書士が行うこと）、それぞれの専門家はどの業務に対応してくれるかを確認し、依頼することが必要です。

　その際に注意したいことは、その専門家が広く他分野の専門家とも連携できるような者であるかです。他者との連携でわかる実務もあり、家族信託については各分野の専門家同士の連携が必須です。

　専門家の料金について、依頼者は他者と比較して交渉することも必要でしょう。

事例 3 土地を活用する信託

この信託で実現できること

* 地主が新たに始める賃貸事業の一切を後継者に任せることができる
* 後継者が受託者となり、建築プランの検討、建築のための資金調達、不動産の賃貸、賃貸料の管理を行うことができる
* 地主は一切賃貸事業に関わることなく、家賃収入を得ることができる
* 信託を利用し、後継者が賃貸事業を行い、地主の相続税対策ができる

1 クライアントの相談内容

　クライアントの地主は82歳です。健康状況がよく元気ですが、最近、知人が亡くなったという知らせを聞く機会が増え、相続について今できることをやっておきたいと顧問税理士に相談しています。

　地主は相続税のことが一番気になるといいます。地主は、父から相続し、駐車場にして賃貸している土地を所有しています。地主の調べでは、駐車場のままだと相続税が高くなるので、この駐車場の相続税対策ができないかという相談です。

　地主は、相続税を支払うために、相続した子供たちが土地を処分しなければならないということを防ぎたいといいます。父から相続した土地を処分することなく、後継者と考えている次男に持ち続けてもらいたいと、地主は思っているようです。

3-16　家系図

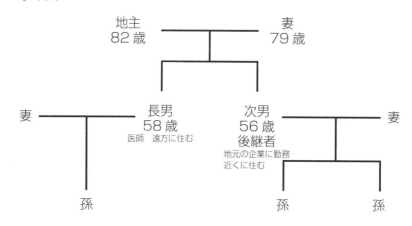

❷　税理士が考えた懸念・課題・問題点

(1)　82歳の地主がこれから始める賃貸事業

　令和２年の厚生労働省の簡易生命表を見ると、80歳男性の平均余命は、9.42年です。現在の健康状況が良い地主は、統計では、あと10年程度の余命があると考えられます。

　新たに賃貸事業を始めるには、対象と考える駐車場の立地に賃貸需要があるか、賃貸料はどのくらい得られるのかを調査し、どのような賃貸建物を建築するかを検討しなければなりません。想定できる賃貸料をふまえ、事業が成り立つような建物を建築することが大切です。建築業者によって建築料金が大きく異なります。建築業者の選定も重要です。

　賃貸事業の採算を検討し、建築資金の調達のために金融機関と交渉し、資金調達の目途をたて、その後、賃貸建物を建築していきます。賃貸事業を始められるまで、今から２年近い期間が必要ではないかと考えます。

　今は元気であるとはいえ、地主が賃貸事業を始めるまでに、多くのことを考えなければならないことを、まずは地主に認識してもらわなければなりません。

(2)　土地を子供に承継したいという思い

　顧問税理士は、土地が駐車場のままで相続が発生するとして相続税を試算してみました。地主のすべての資産額とその内訳、生命保険契約の状況から、納税資金を確保する流動資金がどの位あるかを調べてみました。すると、今の地

主の資産内容では、地主が考える資産承継を実現するには、納税のための流動性の資産が不足することがわかりました。

駐車場の土地は後継者と考えている次男にまとめて承継したいと地主は思っています。駐車場の土地を次男が相続し、妻は自宅の土地・建物と金融資産の一部、残りの金融資産を長男が相続するという遺産分割案を考えてみました。次男が土地を相続することで、次男以外の相続人の遺留分をぎりぎり侵害することにはならないものの、次男は土地以外の資産を相続することができず、確実に次男の納税資金が不足してしまいます。

3-17　地主の個人資産の概略

種類	内容		金額（万円）		
金融資産	預金		4,000		
	有価証券（金融商品）		1,000		
生命保険	終身保険		1,000		
種類	内容		金額（万円）	個数	状況
不動産	土地	自宅土地	3,000	1	
		駐車場	12,000	1	賃貸
	建物	自宅	500	1	築30年

資産合計額　21,500
不動産の金額は固定資産税評価額

(3)　次男は土地を相続する気があるか

土地を次男に承継してもらいたいという地主の思いを、次男が理解しているか、顧問税理士は地主同席のもとで次男と話しをする機会を作り、次男の考えを聞いてみました。父が祖父から相続した土地への思いを理解し、地元で働く自分が守っていかなければならないとの思いがあることを確認できました。

(4)　相続税の負担と賃貸事業のリスクどちらを取るか

顧問税理士の試算では、賃貸建物を建築し賃貸事業を行えば、次男は相続税を負担せずに土地を相続できることがわかりました。しかし、建物建築費用を借入れでまかない、将来の賃貸料で返済していかなければならないリスクを次男が受け入れるか、次男の考えを聞いてみました。

駐車場の土地は、賃貸需要が見込まれます。2つの建物建築業者に提案して

　もらったうち、プランBを提案する建物建築業者の提案によると、賃貸事業を行った場合、想定する家賃が20%減少しても、返済を続けることが可能であることがわかりました。その説明を聞いた次男は、賃貸事業のリスクを受け入れ賃貸建物を建て、土地を相続するといいます。

　また、別の方法として、賃貸事業を始めずに、駐車場を次男がそのまま相続し、土地を担保に納税資金を借り入れる方法もあることを、顧問税理士は次男に説明しました。相続税の納税は発生するものの、駐車場の収入から返済は可能と思われることを説明しました。次男は顧問税理士の説明を聞き、賃貸建物を建築する対策が自分にはよいと回答しました。

3-18　賃貸事業計画を比較する

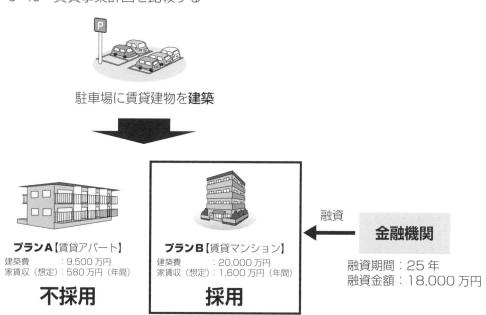

駐車場に賃貸建物を**建築**

プランA【賃貸アパート】
建築費　　　：9,500万円
家賃収（想定）：580万円（年間）
不採用

プランB【賃貸マンション】
建築費　　　：20,000万円
家賃収（想定）：1,600万円（年間）
採用

融資
金融機関

融資期間：25年
融資金額：18,000万円

⑸　地主の意見で決定する

　相続税の試算、賃貸事業計画案、顧問税理士が聞いた次男の思いを顧問税理士が地主に説明しました。地主の相続対策として、賃貸事業を始めることがよいと思えると提案しました。地主はそれを聞き、地主の最終的な意見として、駐車場に賃貸建物を建築する相続対策を選択すると決めました。

(6)　賃貸事業を行う信託

　地主は元気とはいえ82歳です。今後、歳を重ねるうちに地主の判断能力の低下が心配です。賃貸事業は、建物の価値を維持することで賃貸料の低下を防いでいくことが必要なため、いろいろなことを行っていかなければなりません。さらに高齢になる地主がこれから先賃貸事業を行っていくのは、かなり難しいと考え、次男を受託者とする家族信託の利用を提案しました。

3　土地を活用する信託

(1)　信託した後に受託者が賃貸建物を建築する

　受託者が信託財産の土地に賃貸建物を建築し、それを第三者に賃貸する信託を検討していきます。

　次男は受託者として、賃貸建物を建築します。受託者が、どのような建物を建てるかを検討し、建物建築業者と請負契約を交わし賃貸建物を建築します。賃貸建物建築のために受託者が金融機関から借入れをします。建物が出来上がったら、建物を第三者に貸し、賃貸で得る収益から建物を維持する費用、税などを支払い、借入れを返済していきます。

　上記は、受託者が信託目的を実現するために行っていかなければならない信託事務です。受託者がこれらのことを行えるよう、信託契約で受託者の権限を規定していくことが必要です。

(2)　受託者が借入れできる信託契約

　信託契約に、建物建築のために受託者は借入れすることができると、受託者の権限が規定されていても、それだけでは金融機関から借入れすることはできません。

　信託期間中に受託者が借入れできるよう、借入れする金融機関との事前調整が必要となります。信託契約案を金融機関に提示し、金融機関が受託者に融資できるような信託契約を作成していかなければ、受託者は建築資金の借入れができません（「column 賃貸不動産の信託は金融機関との調整で決まる」197ページ参照）。

(3)　地主の相続時、債務控除が可能となる信託

　信託で賃貸建物を建築する目的の1つに、地主の相続時に、建築資金の借入れを債務控除し、次男や家族の相続税の負担を減らすことがあります。

　信託契約を作成する法律専門家と税理士が連携して、債務控除できる信託契約を作成することが必要です。

(4)　後継者の次男に土地と賃貸建物と債務を承継する

　最終的に賃貸事業の後継者である次男に、信託財産とそれに関係する債務を承継する信託契約を作成します。

４　信託の仕組みの解説

(1)　信託財産

　駐車場になっている土地と金銭2,000万円を信託財産とします。

　金銭は建築資金に充てます。

(2)　委託者・受託者・受益者

　委託者は地主、受託者は次男とします。当初の受益者は地主で、地主が亡くなったときの次の受益者を次男とします。受託者の次男が死亡したり、被後見人となり受託者の信託事務ができなくなったときには、後継受託者として長男が受託者になります。

(3)　受託者の信託事務

　受託者は、信託財産の土地に賃貸建物を建築すること、賃貸建物の建築資金を調達するために信託財産に担保権を設定すること、賃貸建物を第三者へ賃貸すること、修繕すること、建て替えること、適正な火災保険を契約することを行います。賃貸収入から信託財産に関する費用や、固定資産税などの税を支払います。修繕に備えて賃貸収入の一定額を積み立ていきます。賃貸収入から、費用と積み立てと債務を返済した残りの金額を、受益者の生活や福祉を確保する資金とし、受益者に給付することとします。

(4)　信託の終了事由

　受益者と受託者の合意により終了します。信託法に定められた終了事由が生じたときにも信託は終了します。当初の受益者である地主が亡くなると、次の

受益者は次男となります。受託者の次男が固有資産で受益権のすべてを有することが1年継続すると、信託法の規定により信託は終了してしまいます（信法163二）。そのため、受益者が次男となってから1年以内に信託を終了することを想定しています。

(5) 終了したときの信託の残余財産の帰属権利者

　信託終了時の受益者とします。

3-19　信託の仕組み図

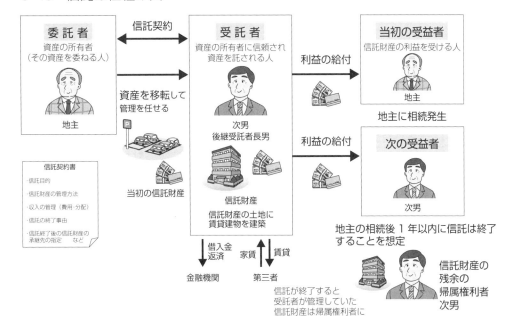

5　マンション建築の資金調達について

　82歳の地主は、信託の利用を決めました。次男を後継者として、信託する土地にマンションを建築し、受託者が賃貸事業を行うこととしました。受託者は、土地に抵当権を設定し、金融機関より資金を調達します。

　マンションの建築資金を、金融機関からどのような条件でいくら調達できるか？　受託者が金融機関と交渉することは、この信託における重要なポイントです。

　受託者は、将来得られる賃貸収入を予測し、見込まれる費用と税を控除し、

さらに建物維持のための修繕積立額を控除した残額を見積ります。その見積り額から、借入可能額を算出します。返済したら手残りがないといった状況では、賃貸事業は成り立ちません。そのようなときには、建築プランを見直す必要があるでしょう。建築プラン、家賃収入の予想、費用と積立額の試算、返済計画を受託者は慎重に検討することが重要です。

　融資の条件として、委託者を連帯債務者や連帯保証人にしなければ応じられないという金融機関の回答があるかもしれません。借入金は信託財産責任負担債務（「第 1 編 2 - 5　信託財産責任負担債務」45ページ参照）として、信託財産を引き当てにして債務を返済していきますが、信託財産のみで債務の返済ができないときには、受託者の固有財産も債務の引き当てになります。子が受託者を務める家族信託では、受託者は、委託者ほど資産を所有していません。金融機関は、受託者のみを債務者とする融資にせず、委託者も債務者や連帯保証人にした金銭消費貸借契約が必要という決定をすることが多いでしょう。

　この場合において問題となるのは、委託者の判断能力が低下することです。将来、委託者の判断能力が著しく低下し、契約の能力がなくなってしまうと、金銭消費貸借契約の変更で問題が生じます。例えば、契約で定めた固定金利期間が終了し、以後の金利について変更が必要となることがあります。連帯債務者である委託者に契約能力がない場合、融資金利は変動金利が自動的に選択されるような金銭消費貸借契約がほとんどのため、以後は止むを得ず変動金利が適用されることになります。

　家族信託に対応する金融機関のなかで、委託者も債務者にしないと応じられない、という金融機関の方が、筆者がこの書籍を執筆している時点では多いようです。信託を検討するとき、どのような融資条件になるか、その条件を検討し、将来におけるリスクをしっかりと認識したうえで融資の契約を行う必要があります。

賃貸不動産の信託は金融機関との調整で決まる

column

　筆者は、賃貸不動産の信託は難度が高いと思っています。賃貸不動産の信託を組成したと聞くと、組成に関与した専門家にいろいろと質問をしてしまうほどです。

　なぜ、難しいのか？　それは、ほとんどの賃貸不動産に抵当権が設定されているため、金融機関との調整が必要になるからです。また、信託期間中に、受託者が信託財産に抵当権を設定して、借入れることを予定している信託は、さらに難度が高いと思っています。

　実績のある専門家が信託契約案を作成しても、金融機関との事前調整は、とても長い時間がかかることもあります。信託契約の内容を、このように変更して欲しいと指摘されることも多々あると聞きます。受託者の債務引受けについて、免責的債務引受で対応可能という当初の金融機関の回答が、その後、併存的債務引受けでないと対応できないと、条件が変更になることもあると聞きます。

　専門家が、信託法などの法務面から考え万全と思える信託契約を作成しても、その信託契約の規定では足りないということや、その規定では対応できない、といったことがあり、それは金融機関ごとに違います。そのため、信託契約案の作成を担当する専門家は、各金融機関の規定に合わせて事前調整を行っていかなければなりません。

　事前調整のない信託契約では、信託で予定していた受託者の信託事務を実現できず、機能しない信託となってしまうこともあり、要注意です。

　賃貸不動産の信託では、信託する前に委託者に生じた債務（賃貸建物建築の借入れ）を、信託財産責任負担債務として、信託財産を引き当てにして、受託者がその債務を返済していくタイプの信託があります。この信託では、借入れの担保として抵当権が設定された不動産を委託者から受託者に移転することの金融機関の承認が必要になります。さらに、受託者が委託者より債務を引き受けることの金融機関の承認と債務引受けの手続き、信託口口座開設の承認と口座開設手続きを行います。これらのことができるよう、信託契約案を事前に金融機関に提示し、その契約案の審査を受け、金融機関の規定に合うよう信託契約を調整していきます。

　受託者が建築資金を借入れ、賃貸建物を建築し、その建物の管理をする信託では、受託者が信託目的（賃貸建物を建築し賃貸事業を行っていくこと）を実現するために付与された借入れの権限を行使して、金融機関から借入れられるよう事前調整していきます。

　信託契約と金融機関との金銭消費貸借契約や信託口口座開設は別物です。委託者と受託者で締結した信託契約に、金融機関は拘束されません。

　信託することで、既に締結している金銭消費貸借契約に差し障ること（委託者から受託者へ抵当権が設定されている資産が移転すること）があれば、事前に金融機関の承諾を得なければなりません。信託口口座を開設するならば、口座開設基準を満たす信託契約でないと、口座開設ができません。また、

　信託した後に受託者が借入れをするならば、融資の審査は、その借入れをするときに行われます。信託契約で受託者に借入れ権限が与えられていても、金融機関の審査が通らなければ、受託者は借入れすることができません。

　金融機関次第で、信託で実現したいことができなくこともあります。そうならないよう、専門家は信託契約案を金融機関と調整して作成していかなければなりません。

　令和３年９月の東京地裁で、信託口口座開設ができなかったことで、その信託組成の委任を受けた司法書士が訴えられ、損賠賠償を命じられるという判決がありました。今後、専門家がどのように信託組成を進めていく必要があるのか、この判決には学ぶべきことが多くあります。

　超高齢社会で高齢者に資産が偏重している日本において、高齢者の資産の管理と承継に信託の活用は有効な手段であると筆者は思っています。

　しかし、信託さえしておけば、資産の管理と承継対策が万全とまでは言い切れません。信託でも「できないこと」はあり、それを補うために他の制度も組み合わせ、「できないこと」を減らしていくことが必要です。信託で、「何ができるのか」、信託でも「できないことは何か」、それらを委託者と委託者の家族に説明し、理解を得ながら信託の組成を行うことが必要です。

第**4**編

信託を検討
してみよう

家族信託の検討プロセス

5つのプロセス

　家族信託は、中小企業オーナーや地主が自分ひとりで作り上げることは難しいため、専門家に依頼することが必要です。

　弁護士・司法書士などの法律の専門家や税務の専門家である税理士、不動産の専門家に相談するとよいでしょう。

　第4編では、中小企業オーナーや地主が、資産の管理と承継の課題・問題を専門家に相談し、相談された専門家が、その解決に家族信託が有効であることを提案し、家族信託の検討と組成を進めていく過程を解説していきます。

　中小企業オーナーや地主に相談された専門家が、どのようなプロセスを経て家族信託の完成を目指すか、専門家の目線で各プロセスでの「やるべきこと（To Do）」を解説していきます。

　第4編をお読みいただくことで、中小企業オーナーや地主の方は、どのような流れで家族信託が作られていくかを理解でき、相談される税理士などの専門家は、どのように家族信託を作っていくかを確認できます。

　家族信託の検討プロセスは、5つに分けることができます。相談者のことを知り、課題を見つけ、課題解決に向け信託を提案し、相談者の状況や希望にそって信託を検討し、作り上げていきます。

5つのプロセス

Process 1	相談者と相談者の資産のことを知る
Process 2	相談者の課題解決に信託を提案する
Process 3	相談者の課題を解決する信託を検討する
Process 4	検討した信託を作り上げる
Process 5	他の仕組みを組み合わせて資産の管理と承継の全体を調整する

　本書では、家族信託の検討プロセスで筆者が実際に使用しているツールを図示し、実務の参考として紹介します。

相談者と相談者の資産のことを知る

ガイダンス

　家族信託は、相談者の課題を解決する方法の１つです。はじめから「家族信託で課題を解決する」という限定した発想ではなく、柔軟に検討できるよう、まず相談者の状況を把握することに努め、資産の管理と承継について相談者の意向、家族の状況、相談者が所有する資産状況を聞いていきます。

　相談者に関する情報をより多く得られるよう、専門家は相談者との信頼関係を築いていくことを目指します。

◼ このプロセスのTo Do

> ① 相談者の既知の情報をすべて並べてみる
> ② 相談者についてまだ知らないことを見つけ出し、聞いていく
> ③ 既知の情報と聞き出した情報を整理し相談者のカルテを完成させる
> ④ 相談者の個人資産についてバランスシートを作る

① 相談者の既知の情報をすべて並べてみる

　顧問契約を結んでいるクライアントなど、これまでにリレーションがある人から相談を受けたとき、まず、その相談者について知っていることをすべて並べてみます。

　税理士であれば、相談者の確定申告書などの納税に関する情報、家族、所有する資産についての情報があるでしょう。ファイナンシャル・プランナーや不動産の専門家であれば、相談者の保有資産や生命保険契約の一覧表などがあるでしょう。それらの情報をすべて取り出し並べてみます。

　並べた情報は、相談を受けた専門家が主たる業務を行うために取得し整理した情報です。相談者の資産管理や承継における課題や問題を見つけ出すために、

その情報を、俯瞰できる情報として整理しなおすことが必要です。情報を整理するために、まずは既知の情報を並べることから始めます。

② 相談者についてまだ知らないことを見つけ出し、聞いていく

家族信託を検討するには、相談者本人の年齢、家族構成と家族の年齢、相談者が所有している資産、後継者候補など、多くの情報を知り検討していくことが必要です。

相談者の何を知っていて、知らないことは何かを明確にしていきます。知らないことを見つけ出すには、一定のフォーマットがあると便利です。このフォーマットは、相談者に関する情報を集約するもの、いわば、『相談者のカルテ』です。

既知の情報から、相談者のカルテに記入できないものがあれば、それが相談者に関して「知らないこと」です。それを相談者に聞き、相談者について「知らないこと」をなくしていきましょう。

相談者のことをいろいろと聞いていくには、相談者との信頼関係が欠かせません。資産承継に関することは、センシティブなことがたくさんあります。それを相談者が隠さずに開示してくれるか否かは、相談された専門家と相談者の信頼関係の強さによります。そのため、相談者との面談においては、信頼関係を築き上げていくことを目指します。

③ 既知の情報と聞き出した情報を整理し相談者のカルテを完成させる

相談者について、既知の情報と聞き出した情報を相談者のカルテに記入し、相談者のカルテを完成させます。

クライアントの資産管理と承継における課題や問題を解決していこうと考える専門家は、日頃の業務において、この相談者のカルテを完成させることを意識していただくとよいでしょう。クライアントから相談されたときに作成するのではなく、日頃の業務において知らないことを見つけ、それを聞いていくことで、そのクライアントの課題や問題が見えてきます。

また、相続・事業承継の課題や問題を考えるには、相談者やクライアントの家族構成を家系図に整理することが欠かせません。相談者やクライアントから2世代下の家族まで（相談者の孫まで）把握しておくとよいでしょう。そして、

その家族間の関係性、たとえば、相談者やクライアントはどの子を信頼しているか、又は誰と不仲かなどの情報も把握することが重要です。

4-1　相談者のカルテ（中小企業オーナーの例）

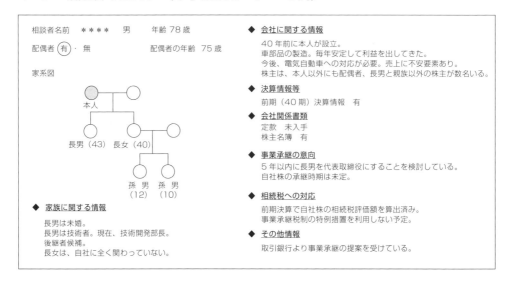

④　相談者の個人資産についてバランスシートを作る

信託は、資産管理と承継の仕組みです。信託を活用して、委託者が望む人に資産を承継していきます。

自社株を後継者に承継する信託を作り、後継者が自社株を承継したとき、後継者はどのくらい相続税の納税が必要となるのか。また、後継者が自社株を承継することで、後継者以外の相続人の遺留分を侵害することにはならないか。相談を受けた専門家は、このようなことにも配慮しながら信託の仕組みを検討していくことが必要です。

検討には、相談者の個人資産のバランスシートの作成が欠かせません。自社株や不動産の相続税評価額をまだ算出していないということもあるでしょう。そのようなときは、まずその時点でわかる価額で作成してみてください。自社株は純資産額で、不動産は固定資産税評価額から相続税評価額を簡易に算出し、その額で個人資産のバランスシートを作り、懸念されることがないかどうかを確かめてみてください。

4-2　相談者の個人資産のバランスシート

生命保険	現時点で予想される相続税額
金融資産	
自社株	負債
	純資産
不動産	

個人資産バランスシートからの懸念事項
・　相続税の納税資金が不足する可能性がある
・　後継者だけに自社株を相続した場合、後継者以外の相続人の遺留分を侵害する可能性がある

② 相談者の課題や問題を見つけ出すために何を聞けばよいか

　資産の管理と承継に関する課題や問題を見つけ、それを解決する方法として家族信託は有効でしょうか？　相談された専門家が、家族信託の有効性を確認するために、相談者について必要な情報を把握していかなければなりません。

　相談者が中小企業オーナーの場合と地主の場合では、把握すべき情報が異なりますので、それぞれ分けて以下に整理します。

① 相談者が中小企業オーナーの場合

　中小企業オーナーの最大の課題は事業承継です。事業承継にはクリアしなければならないさまざまな課題があります。それらの課題のうち、家族信託で解決できる課題は、自社株の承継です。

　家族信託を活用すれば、中小企業オーナーが持つ自社株の議決権行使を滞らせることなく、相続時に速やかに後継者に自社株を承継できます。

　しかし、家族信託を活用したことで、後継者に相続税の納税の問題が生じることがあります。また、後継者が、後継者以外の相続人の遺留分を侵害することにもつながります。そのような家族信託の副作用が、中小企業オーナーの相

続時に発生し、家族が争うこととならないよう、相談された専門家は、相談者の状況を聞き出していきます。

　家族信託で、中小企業オーナーの自社株を後継者に承継することを目指すために、後継者候補の決定状況、承継の時期、後継者への自社株承継で発生する税対策の準備状況、中小企業オーナーの家族の状況や個人資産に関する情報を聞いていきます。

　中小企業オーナーから聞き出しておきたい情報を整理すると、下図の通りとなります。

4-3　中小企業オーナーから聞き出す情報

✎　後継者について

・　後継者候補は決定したか？　　（はい　・　いいえ）

・　後継者候補は親族か、親族以外か？　　（親族　・　親族以外）

・　後継者候補が未定の場合、自社株の承継に関する意向は？
　（これから決める意向　・　自分の代で清算する　・　Ｍ＆Ａで他社に
　譲渡する　・　その他）

✎　自社株承継の時期について

・　後継者への自社株承継はいつ頃を予定しているか？
　（　　　　　　年後をめどに　・　自分の相続時に　・　未定）

・　相続時に自社株を承継したいと考えている場合、遺言は作成したか？
　（作成済み　・　作成を検討中　・　まだ何も準備していない）

・　事業承継税制を活用して後継者に自社株を承継することを考えている
　か？
　（使う予定　・　まだ検討中　・　使わない　・　事業承継税制を知
　らない）

✎　自社株承継の税対策の検討状況

・　自社株の相続税評価額を算出したか？
　（はい　・　いいえ）
　＊はいの場合はいつ

- ・　相続税の納税予定額を把握しているか？　（はい　・　いいえ）
- ・　納税の問題は生じないと思っているか？

  （対策済みなので問題ないと思っている　・　問題あると思っている

  が何の対策もしていない　・　相続税の計算をして税金が生じないこ

  とを確認している）
- ・　対策済みと回答した人について、どのような対策を行ったのか？

  （行った対策：　　　　　　　　　　　　　　　　　　　　　　）
- ・　自社株以外の資産について、承継先を決めたか？

  （はい　・　いいえ）
- ・　承継先を決めたと回答した人について、どのような承継を予定してい

  るか？　（　　　　　　　　　　　　　　　　　　　　　　　　　）
- ✎　家系図を作成する

  ＊本人から孫までの家系図を作る。本人と同居か否か、仲が良いか不

  　仲かなどの情報も記入する
- ✎　保有する資産情報

  ＊預貯金、金融資産、不動産、その他資産について、まずはざっくり

  　した額を把握する
- ✎　生命保険
- ・　相談者の相続時に死亡保険金が誰にいくら支払われるか把握している

  か？　（はい　・　いいえ）

② 　相談者が地主の場合

　地主の資産の管理と承継の課題は、所有する不動産の価値の維持と、その不動産を承継する際の分割方法と相続税の納税です。

　地主が高齢の場合、判断能力が著しく低下すると、不動産の価値を維持する活動ができなくなります。また、地主の相続で、その不動産を配偶者に承継したいと考えている場合、地主が亡くなったときに配偶者の判断能力が著しく低下していると、配偶者が自身で不動産を管理できないという問題も生じます。このような問題の解決策として、家族信託を活用していきます。

　　不動産の管理に関する問題をクリアしても、相続税の納税の問題が生じては、家族信託を活用した意味がありません。家族信託を検討していくために、不動産の管理状況、地主の不動産の承継の意向、相続税納税に向けた準備状況、地主の家族の状況、地主の個人資産に関する情報を聞いていきます。

　　また、不動産の価額を把握するためには、固定資産税課税明細書があるととても便利です。

　　地主から聞き出しておきたい情報を整理すると、下図の通りとなります。

４－４　地主から聞き出す情報

> ✎　不動産の管理について
> ・　以前に比べて不動産の管理が煩わしくなったか？
> 　　（はい　・　いいえ）
> ・　地主に代わって不動産の管理ができる家族はいるか？
> 　　（はい　・　いいえ）
> ✎　不動産の承継について
> ・　不動産の承継者を決めているか？　（はい　・　いいえ）
> ・　はいの場合、どのように承継することを考えているか？
> 　　（遺言で相続時に　・　生前に資産管理法人に移転する　・　その他）
> ・　配偶者に不動産を相続するつもりか？　（はい　・　いいえ）
> ・　家族は仲が良いので、不動産を共有させることを考えているか？
> 　　（はい　・　いいえ）
> ・　遺言は作成したか？
> 　　（作成済み　・　作成を検討中　・　まだ何も準備していない）
> ✎　納税対策の検討状況
> ・　相続税の納税予定額を把握しているか？　（はい　・　いいえ）
> ・　納税の問題は生じないと思っているか？
> 　　（対策済みなので問題ないと思っている　・　問題あると思っている
> 　　が何の対策もしていない　・　相続税の計算をして税金が生じないこ
> 　　とを確認している）

- ・　対策済みと回答した人について、どのような対策を行ったのか？

　　（行った対策：　　　　　　　　　　　　　　　　　　　　　　　）

🖊　不動産の処分と有効活用について

- ・　所有する不動産を売却する予定があるか？　（はい　・　いいえ）

- ・　今、明確な予定はないが、将来売却してもよいと思っているか？

　　（はい　・　いいえ）

- ・　相続税対策のため、アパートなどを新たに建築することを検討する

　か？

　　（検討している　・　検討したい　・　納税対策が必要ならば検討す

　　る　・　検討しない）

🖊　家系図を作成する

　　＊本人から孫までの家系図を作る。本人と同居か否か、仲が良い不仲

　　　などの情報も記入する

🖊　資産について

- ・　固定資産税課税明細書の受け入れ

　　（受け入れ済み　・　未受け入れ　・　提出を依頼）

　　＊預貯金、金融資産、不動産、その他資産について、まずはざっくり

　　　した額を把握する

- ・　建物建築での借入れはあるか？

　　（はい　・　いいえ）　＊はいの場合は残債額

🖊　賃貸不動産の状況

- ・　地主は収支状況を把握しているか？　（はい　・　いいえ）

- ・　地主は修繕の実施状況と今後の予定を把握しているか？

　　（はい　・　いいえ）

🖊　生命保険

- ・　相談者の相続時に死亡保険金が誰にいくら支払われるか把握している

　か？　（はい　・　いいえ）

Process 2

相談者の課題解決に信託を提案する

ガイダンス

　Process1で、相談者の資産の管理と承継に関する意向を聞き、家族と資産の状況を把握したことで、相談者の課題が見えてきます。このプロセスでは、見えてきた課題について信託の機能を活用して解決することを提案していきます。

1 このプロセスのTo Do

① Process1で把握した情報から相談者の課題を抽出する
② 信託の機能の活用が相談者の課題解決に有効な場合、信託を提案する
③ 相談者に信託をわかりやすく説明する

① Process1で把握した情報から相談者の課題を抽出する

　イ　中小企業オーナーの自社株承継の課題

　　●相続時に自社株を承継することの課題

　　　相続時に後継者に自社株を承継したいと思っている中小企業オーナーは、亡くなるまでずっと株主です。そのため、将来、中小企業オーナーが高齢や病気などの理由で判断能力が著しく低下すると、株主総会において議決権行使ができなくなります。

　　　取締役の任期が終了した場合には、株主総会でその取締役を再任する又は新たな取締役を選任する手続きが必要です。中小企業オーナーが、議決権行使できなければ、後継者を取締役として再任、又は新たに取締役を選任することができません。後継者が会社を経営できなくなるリスクが生じます。

●中小企業オーナーの遺言がないときの問題

相続時の遺産分割は遺言があると速やかに手続きが進められます。中小企業オーナーは、自社株を後継者に速やかに相続するために、遺言の作成が必須です。しかし、自社株以外の資産内容はその後変化することが考えられ、遺言をなかなか作成できません。後継者以外の家族に何をどのくらい相続したらよいかを、その時点で決めることができないのです。

中小企業オーナーが遺言を作成しないまま亡くなると、オーナーの自社株以外の遺産の分割とともに自社株承継の手続きも行わなければならないため、後継者への自社株承継が滞ります。

□　賃貸不動産を所有する地主の課題

●賃貸不動産の価値を維持し続けることが欠かせない

アパート・マンション・商業用ビルは他者に賃貸し収入を得ます。継続的に安定した収入を得るために、立地する周辺の物件に負けない物件であることが必要です。物件の競争力を維持するために、修繕や建て替えで価値を維持することも必要です。修繕や建て替えは大きな費用がかかるため、計画的な積み立てや場合により金融機関からの借入れが必要になることもあります。修繕・建て替え・借入れはすべて契約によるため、賃貸不動産の所有者の判断能力がないと実施できません。

●賃貸不動産を配偶者に相続することの課題

1次・2次相続をトータルに考え相続税負担を軽減することや生活・療養資金のために賃貸不動産を配偶者に相続することを望む地主は多いでしょう。しかし、賃貸不動産の配偶者への相続には課題があります。

賃貸不動産を相続したとき、配偶者の判断能力がすでに著しく低下していると、配偶者が自身で賃貸不動産を管理することも価値を維持することもできません。

②　信託の機能の活用が相談者の課題解決に有効な場合、信託を提案する

イ　中小企業オーナーの自社株承継に信託を提案する

●信託の「分ける機能」の活用を提案する

継続的な議決権行使の確保には、信託の「分ける機能」の活用が有効で

す（「第1編1-8　信託の便利な機能①　資産の権利を分ける機能」25ページ参照）。

　自社株の信託で、株式の配当受領権などの財産権と議決権を行使する権利の2つに分け、受託者が議決権を行使する仕組みを作ります。自社株を信託したのちは、中小企業オーナーが亡くなるまでに判断能力が低下するようなことが生じても、議決権行使が滞ることはありません。

●信託の「継ぐ機能」の活用を提案する

　後継者への速やかな自社株の承継は、信託の「継ぐ機能」が有効です（「第1編1-9　信託の便利な機能②　資産を継ぐ機能」28ページ参照）。

　中小企業オーナーの相続が発生するまで、受託者が自社株を管理し、相続が発生すると信託は終了する仕組みとします。信託財産の自社株は、信託が終了すると清算の過程を経て、残余の信託財産の帰属権利者に渡されます。この帰属権利者を後継者とすることで、遺産分割の手続きを経ることなく、自社株を速やかに後継者に承継する信託の利用を提案します。

□　賃貸不動産を所有する地主に信託を提案する

●信託の「分ける機能」の活用を提案する

　所有する賃貸物件の価値を維持するために、信託の「分ける機能」の活用が有効です。

　賃貸不動産の信託で、賃貸不動産を管理、処分する権利と、賃貸不動産の収益を得る権利の2つに分けます。受託者が賃貸不動産の賃貸管理を行い、修繕や建て替えの資金調達を可能とする信託の利用を提案します。

●信託の「継ぐ機能」の活用を提案する

　賃貸不動産の後継者への承継には、信託の「継ぐ機能」の活用が有効です。また、配偶者に賃貸不動産を相続し、配偶者の相続税の税額軽減を使い、賃貸不動産の収入で配偶者の生活や療養資金を確保したいと考えている地主にも、信託の「継ぐ機能」が有効です。

　相続した際、配偶者の判断能力が著しく低下していると、配偶者が自身で賃貸不動産を管理することができません。この対策として、受益者連続型信託（「第1編2-1　委託者・受託者・受益者が亡くなったとき」35

ページ参照）の利用を提案します。当初の受益者である地主が亡くなった後も、信託が継続する仕組みとして、賃貸不動産を受託者が引き続き管理し続けることで、相続時に配偶者の判断能力が低下するような事態が生じていても、配偶者の税額軽減と生活費等の両方を確保でき安心です。

③　相談者に信託をわかりやすく説明する

　イラストなどを用いて、一目で信託が課題解決に有効な方法であることを説明する資料を作りましょう。法律用語などなるべく使わないようにして、わかりやすく説明することを心がけましょう。

　相談者のニーズはさまざまです。相談者の状況に応じた資料も必要ですが、そのような資料の作成には手間がかかります。詳細なニーズに対応する説明は、今後、相談者と具体的に信託を検討する際に作成していくとして、まずは一般的に起こりがちな課題について、汎用的な資料を作りましょう。信託はどうしても説明が難しくなりがちです「わかりやすい説明資料」の作成を心がけましょう。

4-5　親しみやすくわかりやすい説明資料の例

相談者の課題を解決する信託を検討する

ガイダンス

　Process 2 では相談者の課題を抽出し、信託を提案しました。相談者が信託に興味を持ち、検討したいとの依頼を受けたら、いよいよ具体的に検討していくことになります。

　このプロセスでは、相談者の個別の事情に応じて、資産の管理と承継の意向を実現するための信託の検討を行っていきます。

1　このプロセスのTo Do

　① 　信託する資産を選定し、その資産についてさらに情報を集める
　② 　資産に関する情報から信託組成における課題をチェックする
　③ 　信託組成のプロジェクトチームを作る
　④ 　信託をデザインする

①　信託する資産を選定し、その資産についてさらに情報を集める

　クライアントが所有する資産のうち、どの資産について信託を利用するかを選定します。クライアントが所有する資産の一覧表を作り、一覧表に記載された資産の中からどの資産を信託するか、信託財産の候補を選定していきます。信託すると決めた資産について、さらに詳しい情報を取得していきます。

　信託財産の候補とした資産に制限や条件がついていれば、受託者に資産を移転することができません。それぞれの資産に関してチェックリストを作り、リストの項目を確認していきます。

4-6　相談者が所有する資産と信託する資産の一覧表

○○○○様が所有する資産の一覧表

○○○○様 資産合計額（円）　398,829,631

資産区分	番号	信託する or 信託しない	所在地番	不動産の種類	現況地目・建築年・構造・種類	固定資産税評価額	抵当権
不動産	1	信託する	＊＊県＊＊市＊＊＊ ○丁目○番地○	土地	宅地	43,060,777	有
	2	信託する	＊＊県＊＊市＊＊＊ ○丁目○番地○	土地	宅地	14,003,404	有
	3	信託する	＊＊県＊＊市＊＊＊ ○丁目○番地○	建物	○年、軽量鉄骨造スレート葺2階建・共同住宅	15,125,000	有
	4	信託する	＊＊県＊＊市＊＊＊ ○丁目○番地○	建物	○年、鉄骨造陸屋根2階建て・店舗	30,340,450	有
	5	信託しない	＊＊県＊＊市＊＊＊ ○丁目○番地○	土地	雑種地	12,200,000	無

不動産合計　114,729,631 円

資産区分	番号	信託する or 信託しない	金融機関名・支店	預金種類	金額
預金	1	信託しない	○○銀行□□支店	定期預金	15,000,000
	2	信託する	○○銀行□□支店	普通預金	10,000,000
	3				
	4				
	5				

預金合計　25,000,000 円

資産区分	番号	信託する or 信託しない	会社名	評価額算定の根拠	金額
自社株	1	信託する	□△○株式会社	相続税評価額	250,600,000
	2				
	3				

自社株合計　250,600,000 円

資産区分	番号	信託する or 信託しない	有価証券の内容	区分	証券会社名・支店	金額
有価証券	1	未定	株式会社＊＊＊＊＊	上場株式	○○証券□□支店	1,500,000
	2	未定	＊＊＊＊＊株式会社	上場株式	○○証券□□支店	800,000
	3	未定	○○○○ファンド	投資信託	○○証券□□支店	3,200,000
	4	未定	＊＊＊＊＊株式会社	債券	○○証券□□支店	3,000,000
	5					

有価証券合計　8,500,000 円

イ　中小企業オーナーの自社株を信託財産とするとき

　　信託財産の候補とした自社株の内容を確認します。自社株の情報を取得するために、定款、法人の登記簿謄本（履歴事項全部証明書）、株主名簿を提示してもらえるよう、相談者に依頼します。

4－7　自社株に関する情報のチェックリスト

自社株に関する情報のチェックリスト

① 定款
- [ ] 株券の発行、株券の不発行のいずれか
- [ ] 株主総会の招集、決議の方法
- [ ] 取締役、取締役会について
- [ ] 株主ごとに異なる取り扱いを行う旨の定めの有無

② 法人の登記簿謄本（履歴事項全部証明書）
- [ ] 発行済み株式総数
- [ ] 発行する株式の種類
- [ ] 株式の譲渡制限に関する規定
- [ ] 役員に関する事項

③ 株主名簿
- [ ] 株主状況

（本人のシェア、親族株主、親族以外の株主）

□　地主の不動産を信託財産とするとき

　　信託財産の候補とした不動産の内容を確認します。不動産の情報を取得するために、不動産の登記簿謄本（登記事項証明書）、賃貸物件を信託する場合は賃貸借契約書と賃貸不動産のレントロール（賃貸物件の家賃の明細表。それぞれの部屋に賃貸借の条件が記入されている一覧表）、信託する不動産に抵当権が設定されている場合は金銭消費貸借契約書、固定資産税課税明細書を提示してもらえるよう、相談者に依頼します。

4-8　不動産に関する情報のチェックリスト

不動産に関する情報のチェックリスト

① 不動産の登記簿謄本（登記事項証明書）
　□ 所有者
　□ 地目
　□ 建物の構造
　□ 抵当権の設定の有無
　□ 有の場合、債権額、抵当権者、連帯債務者
　　　共同担保
② 賃貸借契約書
　□ 賃貸借の条件
　□ 敷金・保証金
③ 賃貸不動産のレントロール
　□ 不動産の収支状況
④ 金銭消費貸借契約書
　（信託する不動産に抵当権が設定されている場合）
　□ 契約の内容
　□ 固定金利の期間
⑤ 固定資産税課税明細書
　□ 固定資産税評価額

② 資産に関する情報から信託組成における課題をチェックする

イ　中小企業オーナーの自社株を信託財産とするとき

●信託により株式を受託者へ譲渡することの承認

　未上場株式の自社株は、譲渡制限株式です。自社株を信託することは、受託者に自社株の所有権を移転するため、信託する前に譲渡の承認を得ることが必要です。株主総会であるか、取締役会であるか、その承認機関を確認します。

●株券発行会社であるか株券不発行会社であるかを確認

　その会社が、株券発行会社か株券不発行会社かを確認します。

　株券発行会社ならば、受託者は株券を中小企業オーナーより引き渡してもらうことが必要です。株券不発行会社ならば、受託者への株券引渡しは不要です。信託後、株券発行会社か株券不発行会社かにかかわらず、株主を受託者とする株主名簿の書き換えと、その株式が信託財産であることを

株主名簿に記載するよう、受託者が発行会社に依頼しなければなりません。

□　地主の不動産を信託財産とするとき

●不動産登記簿謄本の地目

　信託を利用して、受託者が新たに建物を建築することを検討している場合、信託する土地の地目を確認しておきましょう。地目が、田や畑となっていると、その土地を信託することができません。地目が田や畑となっている土地を信託する際は、まず、地目を宅地や雑種地などに変更することが必要です。

●抵当権設定の有無

　賃貸建物の多くは、資金を借入れて建築します。建築資金の借入れの返済がまだ残っている賃貸建物とその建物が立つ土地を信託するとき、これらの不動産には抵当権が設定されています。抵当権の設定がある不動産は、抵当権者の金融機関に、信託するため受託者に移転することを承諾してもらわなければなりません。金融機関の承諾のないままに抵当権の設定がある不動産を受託者に移転すると、返済が残っている借入金を一括して返済するよう求められることになり（期限の利益の喪失）、注意が必要です。また、信託することを承諾しない金融機関もあるため、抵当権者はどの金融機関かを確認することが重要です。

●金銭消費貸借契約書

　借入れ残がある場合、金銭消費貸借契約書で融資内容を確認します。

●賃貸不動産のレントロール

　賃貸不動産を信託財産とするとき、その不動産の賃貸状況に関する情報を確認しましょう。

　保証金や敷金の預り額を把握し、その額と同額の金銭を信託することが必要です。

　空室状況や家賃の状況も把握します。空室が多く、家賃が下がってきている状況ならば、信託後、その状況を改善する対策を受託者が実施していくことも必要です。

③ 信託組成のプロジェクトチームを作る

　信託は、法務、税務、そして信託する資産に関する専門家がチームとなり連携して検討することが必要です。相談者から相談を受けた人が信託組成のプロジェクトチームを結成し、そのプロジェクトのリーダーとなるのがよいでしょう。

　リーダーは、相談者にメンバーを紹介し、各メンバーが担う業務の内容を説明します。各メンバーは、担う業務の報酬に関する見積書を作成し、相談者に説明して、相談者の依頼を受けてから、業務を担当するようにしなければなりません。

4 - 9　プロジェクトチーム一覧表（地主の不動産を信託するとき）

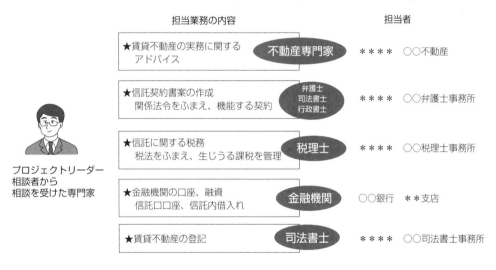

④ 信託をデザインする

　相談者もプロジェクトメンバーも信託の仕組みが一目でわかる１枚のチャートを作り、それを皆で共有するとよいでしょう。

4-10　信託のデザインシート

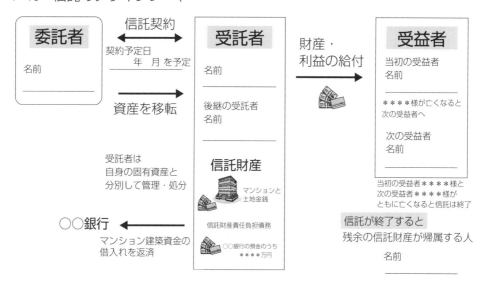

Process 4 検討した信託を作り上げる

　このプロセスでは、Process 3で検討した信託のデザインを信託契約にしていきます。信託組成のプロジェクトチームのメンバーはそれぞれの専門業務を信託開始のときまで担います。チームリーダーは、相談者への説明を統括するとともに、チームメンバーが速やかに連携できるようチームのハブとなる役割を担います。

■ このプロセスのTo Do

① 信託契約案は法律の専門家が作成する
② 税務の専門家が信託に関する税務をチェックする
③ 信託契約案をもとに金融機関と事前の調整をする
④ 相談者に信託契約案を説明し、内容の理解を得る
⑤ 信託契約
⑥ 信託する資産を受託者に移転する

① 信託契約案は法律の専門家が作成する

　Process 3で検討した信託のデザインから法律の専門家が信託契約案を作成していきます。相談者から相談され信託を検討した人が、法律の専門家ではない場合では、その検討者から法律の専門家に、検討した信託の内容をもれなく伝えていくことが重要です。言語データとして残せるようチャート4-11の信託概要書のような一定のフォーマットを利用するとよいでしょう。

4-11　信託契約案作成に利用する信託概要書

作成日：2021 年 1 月 10 日

信託概要書

項目	内容
① 委託者	○○太郎様（78 歳　昭和 18 年 1 月 1 日生）
② 委託者の家族に関する事項 ・家族構成 ・家族の状況 ・信託の設計上重要な事項など	・家族構成 配偶者（76 歳）、長男（52 歳）、次男（49 歳）、長女（47 歳） 家族構成については別紙家系図を参照。 ・家族の状況 配偶者、長男と同居。次男は東京、長女は大阪に住む。次男、長女とは離れて住んでいるが、仲の良い家族。 ・信託設計上重要な事項 同居する長男を資産の承継者と考えている。
③ 信託目的	・所有する不動産の管理 ・太郎様が亡くなった後、不動産から得られる収入を配偶者に給付する ・最終的には不動産を長男に承継する
④ 信託財産に関する事項 ・資産の種類 ・数量 ・その他	・資産の種類 不動産（土地、建物）および金銭 ・数量 不動産はアパート 2 棟、金銭は 1,000 万円 ・その他 アパート 1 棟は建築して 23 年、もう 1 棟は 8 年前に建築。古い方のアパートは 3 年前に大規模に修繕した。2 棟とも□□銀行から借入れをして建築。ともにまだ借入れが残っている。
⑤ 受託者	○○一郎 様（委託者との続柄　長男　）
⑥ 受益者	当初受益者：○○太郎 様（委託者との続柄　本人　） 第二受益者：○○花子 様（委託者との続柄　妻　　）
⑦ 受益権の内容	・アパートの収益を生活や療養などのために使いたい ・ ・
⑧ 信託期間	太郎氏と妻の花子様が亡くなるまで

項目	内容
⑨ 受託者の信託事務に関する事項 ・信託財産の管理・処分の方法等について ・特に定めておくべき事務	・信託財産の管理・処分の方法 アパートの賃貸管理、アパートの家賃管理、将来の修繕のための積立て、借入金の返済。計画的に修繕しアパートの価値を維持する。 ・特に定めておくべき事務 土地・建物ともに他者には売却しないこと。
⑩ 信託財産の管理等に関する指図について	長男に任せる（指図者を設定しない）
⑪ 信託事務の外部委託について	賃貸管理について、現在、賃貸管理を委託する△△株式会社に引き続き委託する
⑫ 信託の終了事由	太郎様と妻の花子様がともに亡くなったとき 又は受託者と受益者が合意したとき
⑬ 信託の変更	状況が変化したときに備えて変更できるようにしたい
⑭ 信託の計算期間	1 月 1 日～12 月 31 日
⑮ 信託の費用の償還	信託財産を費用にあてる。万が一不足する場合は受託者が立て替える。立て替え分については受益者に請求する
⑯ 受益権の処分	受益権を他者に譲渡することを考えていない
⑰ 信託監督人	検討中（定めるか、定めないかを検討中。定める場合、誰を信託監督人とするのかについても検討中）
⑱ 受益者代理人	検討中（次男か長女のいずれ）
⑲ 後継の受託者	検討中
⑳ 信託報酬	無報酬とする
㉑ 清算受託者	信託終了時の受託者
㉒ 帰属権利者	長男
㉓ その他	特になし

★状況・課題・懸念点・問題点など

・信託監督人、受益者代理人の設定について検討中
・預かっている敷金、将来の修繕のための資金などを考え、信託する金銭が 1,000 万円で足りるのか？要検討

以上

② 税務の専門家が信託に関する税務をチェックする

　　信託設定時、信託期間中、信託終了時の課税について税務の専門家の確認が必要です。特に、債務のある賃貸不動産を信託財産とする地主の信託では、税務の専門家のチェックが欠かせません。

　　家族信託は、原則として受益者等課税信託で、受益者が課税されます（「第2編1-1　課税の基本的考え方」91ページ参照）。受益者は、信託財産に属する資産・負債を直接有するものとみなされます（「第2編1-3　資産及び負債ならびに収益及び費用の課税」95ページ参照）。

　　委託者であり当初の受益者でもある地主が亡くなったときに終了する信託の仕組みを検討したのか、それとも終了せずに、次の受益者が受益権を取得する受益者連続型信託の仕組みを検討したのか、信託終了の仕方により相続税の課税の取扱いが異なるかもしれません（「第2編4-1　信託終了時の贈与税・相続税」127ページ参照）。税の専門家の意見を聞きながら信託契約案を作っていくことは、とても重要なことです。実務では、税務の専門家によ

る信託の仕組みと信託契約案のチェックを、欠かさずに行うようにしましょう。

4-12　プロジェクトチームメンバーが連携して信託を作り上げる

税務の専門家
不動産の専門家
プロジェクトチームメンバー
法律の専門家
はい
わかりました
この仕組みを
信託契約書にしてください
信託概要書
信託を作るプロジェクトチームのリーダー
法律の専門家とともに信託契約案を説明しますね
信託契約案
契約書は難しいから解説をお願いしますね
地主

③　信託契約案をもとに金融機関との事前の調整をする

　　信託契約案をもとに、信託契約案を作成した法律の専門家が主体となって、金融機関との調整を行います。

　　金融機関との事前調整は、以下の2点がポイントとなります。

　イ　信託口口座の開設

　　受託者が自身の固有財産と分別して信託財産を管理する口座、いわゆる信託口口座の開設が必要です。作成した信託契約案で信託口口座が開設できるのか、金融機関に事前に確認を求めます。

　ロ　受託者への所有権移転、債務の引き受けについて

　　信託する不動産に抵当権の設定があるときは、抵当権者の金融機関と事前に調整を行います。

　　まずは、信託する不動産を受託者へ所有権を移転することの承認です。債権者の金融機関の承諾を得られないまま受託者に不動産を移転すると、その時点の残債務を一括して返済するよう金融機関に求められることにもなりかねず、注意が必要です（一般的な金銭消費貸借契約にはそのような規定があります。チャート4-13の下線部参照）。

　　信託後、信託財産である賃貸不動産の収入を受託者が管理して、債務を返済できると安心です。地主の認知症対策としてより万全になります。信託契約に、債務を信託財産責任負担債務（「第1編2-5　信託財産責任負

担債務」45ページ参照）とすることを定め、受託者が信託財産から債務を返済できるよう金融機関と事前に調整します。しかし、信託契約に、債務を信託財産責任負担債務にすることを定めただけでは、受託者が債務を引き受けることはできません。信託契約とは別に、金融機関と債務引き受けの手続きをすることが必要です。債務引き受けの条件や、信託契約に特別な規定を設ける必要があるなど、金融機関ごとに求められる条件が異なりますので、法律の専門家が主体となり調整を行っていきます。

4-13　金銭消費貸借契約（抜粋）

第7条（担保）
1. 担保価値の減少、借主または保証人の信用不安等の債権保全を必要とする相当の事由が生じた場合には、銀行からの請求により、借主は遅滞なくこの債権を保全しうる担保、保証人をたて、またはこれを追加、変更するものとします。
2. 借主は、担保について現状を変更し、または第三者のために権利を設定しもしくは譲渡する時は、あらかじめ書面により銀行の承諾を得るものとします。
3. 担保は、必ずしも法定の手続によらず、一般に妥当と認められる方法、時期、価格等により銀行において取立または処分のうえ、その取得金から諸費用を差し引いた残額を法定の順序にかかわらず、この契約による債務の返済にあてることができるものとし、なお残債務がある場合には、借主は直ちに返済するものとします。
4. 借主の差し入れた担保について、事変、災害、輸送途中のやむをえない事故等によって損害が生じた場合には、銀行は責任を負わないものとします。
第8条（期限前の全額返済義務）
1. 借主について次の各号の事由が一つでも生じた場合には、借主はこの契約による債務全額について期限の利益を失い、借入要項記載の返済方法によらず、直ちにこの契約による債務全額を返済するものとします。
　① 借主が返済を遅延し、銀行から書面により督促しても、次の返済日まで元利金（損害金を含む）を返済しなかったとき。
　② 借主が住所変更の届出を怠るなど借主の責めに帰すべき事由によって銀行に借主の所在が不明となったとき。
2. 次の各号場合には、借主は、銀行からの請求によって、この契約による債務全額について期限の利益を失い、借入要項記載の返済方法によらず、直ちにこの契約による債務全額を返済するものとします。
　① 借主が銀行取引上の他の債務について期限の利益を失ったとき。
　② 借主が第7条第1項もしくは第2項または第13条の規定に違反したとき。
　③ 借主が支払を停止したとき。
　④ 借主が手形交換所の取引停止処分を受けたとき。
　⑤ 保証人が前項第2号または本項前各号のいずれかに該当したとき。
　⑥ 担保の目的物について差押えまたは競売手続の開始があったとき。
　⑦ 前各号のほか借主の信用状態に著しい変化が生じるなど元利金（損害金を含む）の返済ができなくなる相当の事由が生じたとき。

④　相談者に信託契約案を説明し、内容の理解を得る

　　税務をチェックし、金融機関の承認が得られた後に信託契約案を委託者となる資産の所有者（本書では、中小企業オーナーと地主）と、信託を引き受ける家族（受託者となる人）に説明をします。

　　信託検討の際に作成した信託のデザインシート（チャート4-10）と、信託契約案のポイントを解説する書面（チャート4-14）を使い説明するとよいでしょう。ポイントを解説する書面は、法律用語をなるべく使用せず、高齢の委託者でもわかりやすいものを作成することを目指します。また、その説明会には委託者と受託者以外の家族にも参加してもらうとよいでしょう。信託は受託者が受益者のために信託財産を管理する仕組みのため、受託者が

担うべき信託事務の内容を理解することが重要です。さらに、家族も信託の仕組みを理解しておくと、受託者がどのようなことをしているかがわかります。信託が終了したときの信託財産の承継先も家族が知っていれば、相続の際、家族のもめ事も起こらないでしょう。

4-14　信託契約案のポイントを解説する書面（一部抜粋）

信託契約の内容を説明する書面

委託者：＊＊＊＊ 様
受託者：＊＊＊＊ 様

本書面は、信託契約の内容について、委託者と受託者への説明を目的として作成したものです。信託契約の内容について重要であると思われる点について、そのポイントを説明しています。信託契約の内容については、必ず委託者と受託者がご確認いただけますようお願いいたします。

1．信託契約の締結年月日
本信託契約の締結日は、令和2年＊月＊日です。

2．信託目的（信託契約 第1条）
本信託の目的は下記の2つです
　(1)信託財産を管理する負担から委託者を開放し、収益受益者がこれまでと同様に安定した
　　生活を安心して送れるようにすること
　(2)委託者の希望する信託財産の承継を確実に実現すること

3．信託期間（信託契約 第2条、19条）
受益者＊＊＊＊様がお亡くなりになったときに終了します。また、信託法163条の規定に該当したときにも終了します。

4．信託財産（信託契約 第3条）
本信託の信託財産は、信託契約の別紙信託財産目録に記載する＊＊県＊＊市＊＊＊○丁目の土地です。
受託者は、信託財産に設定されている賃借権にかかる賃貸人の地位を承継します（受託者は、信託財産を＊＊＊＊に賃貸し、＊＊＊＊より賃貸料を得ます）。
効力発生日後ただちに信託する不動産の所有権移転の登記と信託の登記の申請を行います（司法書士に委任して行う）。所有権移転登記と信託の登記の費用は委託者が負担します。

5．委託者と受託者（信託契約 第5条、6条）
　(1)委託者は、＊＊＊＊様です
　　住所：＊＊県＊＊市＊＊＊○丁目○番地○
　　生年月日：昭和＊＊年＊＊月＊＊日生
　(2)受託者は、＊＊＊＊様です
　　住所：＊＊県＊＊市＊＊＊＊○-○ ＊＊＊＊＊ ○○号室

生年月日：昭和＊＊年＊＊月＊＊日生
　(3)受託者に下記の事由が発生したときは、受託者の任務が終了します
　　①死亡
　　②受託者の辞任
　　受託者は委託者および受益者の同意を得て辞任することができます
　　受託者はやむを得ない事由があるときは、裁判所の許可を得て辞任することができます
　　（信託法57条に受託者の辞任について定めがあります）
　　③受託者の解任
　　委託者はいつでも受託者を解任できます。その場合委託者は後継の受託者を選任することができます
　　（信託法62条に後継の受託者の選任について定めがあります）

6．信託財産の管理などの受託者の事務（信託契約 第7条、8条、9条、11条）
　受託者は、委託者の指図に従って以下の事務を行います
　　①信託財産（土地と土地を賃貸することで得られる金銭）の管理
　　　＊信託財産の土地を売却することはできません
　　②信託する不動産を第三者（＊＊＊＊＊）に賃貸し、第三者（＊＊＊＊＊）から賃料を
　　　受領します
　　③賃貸収入から不動産を管理処分するための費用を支出します
　　④信託財産の収益を収益受益者に給付します
　　⑤信託の目的に照らし必要な借入を行うことができます。借入のために担保権の設定も可能です（基本的に借入は想定しておりません）。
　　（信託目的）のために必要となった場合において借入もできるようにしています。積極的に借入れすることは想定していません）
　　⑥信託不動産の管理など事務の一部を第三者に委託することができます
　　⑦信託不動産の賃貸料は、信託財産に属する預金専用口座を開設しその口座で管理します
　　　（専用口座：＊＊＊ 銀行 ＊＊＊ 支店 に口座開設を予定）
　　⑧上記以外に、信託の目的を達成するために必要な事務を行います

7．帳簿の作成、報告、保存の義務（信託契約 第12条）
　受託者は、信託財産の状況を記録し、その記録を保存しなければなりません。
　　①毎年1月1日から12月31日までの間の収支について計算書を作成します（専用の預金口座の通帳をコピーし、収入と支出の内容を記載し計算書とすることもできます）。計算書に加えて、毎年12月31日時点の信託財産目録（土地と預金）を作成します。計算書と信託財産目録を収益受益者に提出します。

以下、つづく

⑤　信託契約

　委託者となる人（中小企業オーナーや地主）と受託者となる人への説明で、それぞれが理解できたら、いよいよ信託契約へと進みます。信託契約は公正証書にしましょう。信託契約案の最終版を法律の専門家より公証人に提示して、公証人が信託契約公正証書案を作成します。その段階で公証人より信託契約案の修正を求められた場合、金融機関と委託者・受託者にその修正について再度確認します。

　公証人は信託契約を委託者と受託者の面前で読み聞かせ、信託契約公正証書を作成します。

⑥　信託する資産を受託者に移転する

　信託契約をした後、速やかに委託者より受託者に信託する資産を移転します。

イ　中小企業オーナーの自社株

　株券が発行されている場合は、委託者より受託者に株券を引き渡します。受託者は、株主が受託者になったことと、その株式については信託財産であることを、株主名簿に書き換えるよう会社に依頼します。

ロ　地主の不動産

　信託した不動産の受託者への所有権移転と、その不動産が信託財産であることの信託登記をします。委託者と受託者は信託に伴う登記を司法書士に委任して進めるとよいでしょう。

ハ　金銭

　受託者は信託契約後速やかに信託口口座を開設します。委託者は信託口口座に信託する金額の送金（又は入金）を行います。

二　債務引き受け

　受託者が債務を引き受ける場合、金融機関との間で債務引き受けの手続きを行います。

4-15　信託登記のイメージ

権　利　部　（甲区）		（所有権に関する事項）	
順位番号	登記の目的	受付年月日・受付番号	権利者その他の事項
1	所有権移転	昭和○○年○月○日 第○○○○号	原因　昭和○○年○月○日　相続
2	所有権移転	平成○○年○月○日 第○○○○号	原因　平成○○年○月○日　相続 共有者 　東京都中央区日本橋○丁目○番○号 　持分３分の２ 　＊＊＊＊ 　東京都品川区北品川○丁目○番○号 　持分３分の１ 　＊＊＊＊
3	＊＊＊＊持分全部移転	平成○○年○月○日 第○○○○号	原因　平成○○年○月○日　信託 受託者　東京都品川区北品川○丁目○番○号 　＊＊＊＊ 　（受託者持分３分の２）
	信託	余白	信託目録第○○○号

信託目録		調製　　余白	
番号	受付年月日・受付番号	予　　　備	
第○○○号	平成○○年○月○日 第○○○○号	余白	
1　委託者に関する事項	東京都中央区日本橋○丁目○番○号 ＊＊＊＊		
2　受託者に関する事項	東京都品川区北品川○丁目○番○号 ＊＊＊＊		
3　受益者に関する事項等	東京都中央区日本橋○丁目○番○号 ＊＊＊＊ 受益者代理人　東京都中央区日本橋○丁目○番○号 ＊＊＊＊		
4　信託条項	Ⅰ．信託目的 本信託は、信託財産目録記載の財産（以下、「当初信託財産」という。）を受託者が適正かつ有効に管理又は処分することにより、以下の条項を達成することを目的とする。 ⑴　当初信託財産を管理する負担から委託者を解放して、委託者が従前と変わらぬ安定した安心な生活を送れるようにすること。 ⑵　委託者の希望する財産の承継を確実に実現すること Ⅱ．信託財産の管理及び処分の方法 1．受託者は、以下の信託事務を行う。 ⑴　当初信託不動産を含む本信託の信託財産（以下、「本信託財産」という。）を管理、処分すること。 ⑵　当初信託不動産を含む本信託の信託財産である不動産（以下、「信託不動産」という。）の管理、処分など、本信託の目的に照らし必要な借入れを金融機関から行い、信託不動産について当該借入れのために担保権を設定すること。 ⑶　信託不動産について火災保険等の保険を付保すること（信託不動産について行った借入れのために保険金請求権に担保権を設定することを含む。） ⑷　信託不動産を第三者に賃貸し、第三者から賃料を受領すること。 ⑸　信託財産に属する金銭及び預金を管理し、信託不動産を管理、処分するために支出すること。 以下、省略（Ⅲ　信託の終了事由、Ⅳ　その他の受託条項について記載される）		

228

Process 5　他の仕組みを組み合わせて資産の管理と承継の全体を調整する

　信託は資産の管理と承継にとても有効な仕組みですが、万能ではありません。そのため信託を検討するときには、すでに実施している対策の見直しや、新たな仕組みの利用を検討し、全体を調整する必要があります。信託の検討において、すでに相談者の意向と家族と資産の状況を把握していることから、この全体調整は行いやすくなっています。欠かさずに実行しましょう。

■　このプロセスのTo Do

① 相続が発生したときに起こりうる問題について検討する
② 中小企業オーナーや地主の身上保護への対応を検討する

① 相続が発生したときに起こりうる問題について検討する

　これまでのプロセスで、各分野の専門家が連携して金融機関とも調整を行いながら、信託を作り上げました。そのため、中小企業オーナーや地主の資産の管理と承継における課題や問題を、信託で解決することができるようになりました。

　しかし、信託を利用することで生じる問題もあります。特に、中小企業オーナーや地主が亡くなったときに問題が生じます。相続人間で遺産をどう分割するか、後継者以外の相続人の遺留分を後継者が侵害する可能性、相続税の納税資金を確保できるか、などの問題です。これらの問題を解消する対応策も合わせて実施していかないと、信託の導入だけでは片手落ちとなってしまいます。

　中小企業オーナーや地主の資産の管理と承継の全体を、調整していくことが必要となります。

イ　遺産分割

　信託財産は、信託契約に従い承継されます。一方、信託していない資産は、資産所有者の遺言がなければ、その相続人同士で遺産分割することが必要です。資産所有者の相続時に、高齢により配偶者の判断能力が著しく低下していれば、遺産分割のために、配偶者は法定後見制度の利用が必要となります。法定後見制度を利用した遺産分割では、法定相続割合で配偶者が遺産を相続する手続きがとられます。将来、遺産の分割で相続人同士がもめる、速やかに遺産分割ができない、相続後に資産を有効に活用できないなどの問題が生じないよう、信託しない資産は遺言を作成し承継先を指定しておくとよいでしょう。

　また、信託する前にすでに遺言を作成した人もいるでしょう。信託したことで、遺言で指定していた資産承継が変わってしまうため、すでに遺言を作成していた人は、遺言を見直すことが必要です。

□　後継者以外の相続人の遺留分を後継者が侵害することになっていないか確認する

　信託を利用して自社株や不動産を後継者に継ぐ仕組みを作りました。

　中小企業オーナーが亡くなると終了する信託で、終了した後に残余の信託財産を得る帰属権利者を後継者にしている信託では、後継者に速やかに自社株が承継されます。信託したときに、自社株は受託者に移転しています。中小企業オーナーが亡くなったときにも自社株を受託者が所有しているため、信託財産の自社株は中小企業オーナーの遺産ではありません。そのため、自社株は遺産分割の対象資産ではありません。

　この信託を利用することで、後継者への自社株承継は速やかになります。しかし、資産のうち自社株の資産額が大きな割合を占めている中小企業オーナーの場合では、後継者以外の相続人の遺留分を、後継者が侵害する可能性が高く、注意が必要です。

　信託検討のために中小企業オーナーの資産額、中小企業オーナーの家族構成を把握しました。そのため信託を開始した時点の資産額で遺留分を侵害することとなるか、確認することはできます。しかし、遺留分侵害は、相続時の財産の価額で判定します。自社株の価額が今後、上昇することが予想される場合、

信託に加えて、後継者が遺留分を侵害することへの対策を導入する必要があります。

八　相続税を納税する資金の対策

　不動産と自社株を相続する人は、相続税納税のために預金や上場株などの有価証券といった流動性資金を持ち、その資金で納税対応する必要があります。また、生命保険金の受取人になっていれば、その資金で納税することもできます。信託を利用して不動産や自社株を承継する人が、相続税の納税が必要な場合は、相続時に納税用の流動性資金を確保できるか、この対策も合わせて行うことが必要です。

　　・相続税をシミュレーションする

　　　相続税は1次、2次相続を想定して試算します。相続税シミュレーションはプロジェクトチームメンバーの税務の専門家が担当し試算するとよいでしょう。

　　・生命保険管理表を作る

　　　信託組成のプロジェクトメンバーに生命保険募集人も参加しているとよいでしょう。相続時の流動性資金の確保と遺留分対策は生命保険の活用が有効です。信託検討時点での契約状況を把握し、今後、本人の年齢に合わせて受け取れる生命保険金がどのように推移していくのか、一見でわかる管理表があるとよいでしょう。

②　中小企業オーナーや地主の身上保護への対応を検討する

　信託は財産管理と承継を行う仕組みです。中小企業オーナーや地主の身上保護はできません。

　中小企業オーナーや地主の判断能力が著しく低下したとき、入院や施設入所などの手続きを本人ができず問題が生じます。将来、そのような状況になったときにどうするか、信託を検討するときに本人と家族でその対応について考え、任意後見も合わせて検討することが必要と考えます。

おわりに

　家族信託の解説会やセミナーが世間で増えていますが、そのためか危ない粗悪な信託契約がそのまま放置されているケースもみられます。本書は基本的な事項から応用パターンまでご紹介してあります。

　超高齢社会の現在では会社経営、不動産経営に高齢者が係わる問題が多く発生しています。本書をお読みいただいた読者には家族信託の効用が十分にご理解いただけたことでしょう。しかし、知識を得るだけでは実務は進みません。実際の相続実務は数々の複雑な問題が重なり合って、それでも実務家は解決に向かって努力しています。

　石脇俊司氏は多くの事業家の方からのご相談を受け、経験もされています。本書に書かれているノウハウが家族信託のきっかけとなり、また実務の参考にしていただき、円滑な事業の承継が進みますことを心より祈念しております。

　　令和４年５月

　　　　　　　　　　　　　　　　　公認会計士・税理士　成田一正

【参考文献】

・『条解　信託法』(道垣内弘人編著、弘文堂)

・『信託法』(道垣内弘人著、有斐閣)

・『わかりやすい　家族信託の税金のはなし』(山田吉隆著、大蔵財務協会)

・『パッとわかる　信託用語・法令コンパクトブック』(一般社団法人民事信託
　活用支援機構監修、第一法規)

・『信託法からみた　民事信託の手引き』(ひまわり信託研究会・伊庭潔編著、
　日本加除出版)

・『パッとわかる　家族信託コンパクトブック』(伊東大祐・伊庭潔・戸田智
　彦・菅野真美編著、第一法規)

・『詳解　民事信託　実務家のための留意点とガイドライン』(田中和明編著、
　日本加除出版)

・『家族信託をもちいた財産の管理・承継』(浅岡輝彦・佐久間亨編著、清文社)

・『賃貸アパート・マンションの民事信託実務』(成田一正・金森健一・鈴木望
　共著、日本法令)

・『信託の80の難問に挑戦します』(田中和明編著、日本加除出版)

・『「信託」の基本と使い方がわかる本』(菅野真美著、日本実業出版社)

・『相続したボロ物件どうする?　賃貸アパート経営の道しるべ』(渡邊浩滋著、
　税務経理協会)

・『家庭の法と裁判(FAMILY COURT JOURNAL) 35号』(2021.12、日本加除
　出版)

・『民事信託を活用するための基本と応用』(石脇俊司著、大蔵財務協会)

・『税理士が提案できる家族信託　検討・設計・運営の基礎実務』(成田一正・
　石脇俊司共著、税務経理協会)

【著者紹介】

成田　一正（なりた・かずまさ）
　公認会計士・税理士。税理士法人おおたか特別顧問。日本税務会計学会顧問。JP税務戦略研究会筆頭顧問。
　大手監査法人を経て、平成元年に成田公認会計士事務所、平成23年に税理士法人おおたかを設立。事業承継をはじめ、株式公開や公益法人サポートなど、手掛ける業務は幅広い。
〔主な著書〕
『事業承継・自社株対策の実践と手法』(日本法令)、『中小企業経営者のための新事業承継税制ハンドブック』(東京商工会議所)、『Q&A事業承継・自社株対策の実践と手法』(日本法令)、『賃貸アパート・マンションの民事信託実務』(日本法令)、『民法相続法の改正が相続実務に及ぼす影響と対策』(法令出版)、『目的別 相続対策 選択ガイドブック』(新日本法規出版)、『よくわかる税制改正と実務の徹底対策』(日本法令)

税理士法人おおたか
　東京都中央区日本橋馬喰町1-1-2　ゼニットビル6F
　TEL：03-5640-6450
　URL：http://www.ootaka.or.jp/

石脇　俊司　（いしわき・しゅんじ）
　日本証券アナリスト協会検定会員・CFP・宅地建物取引士資格取得。株式会社継志舎代表取締役。一般社団法人民事信託活用支援機構理事。
　外資系生命保険会社、日系証券会社、外資系金融機関、信託会社を経て2016年株式会社継志舎を設立。上場企業・中小企業オーナー、地主など幅広く民事信託を活用した相続・事業承継の対策をサポートするとともに、不動産会社、証券会社、保険会社などに信託を活用したビジネスに関するコンサルティングを行っている。
〔主な著書〕
『信託を活用したケース別相続・贈与・事業承継対策』(日本法令)、『「危ない」民事信託の見分け方』(日本法令)、『相続事業承継のための民事信託ワークブック』(法令出版)、『税理士が提案できる家族信託 検討・設計・運営の基礎実務』(税務経理協会)、『民事信託を活用するための基本と応用』(大蔵財務協会)、『パッとわかる信託用語・法令コンパクトブック』(第一法規)

株式会社継志舎
　東京都中央区日本橋兜町11-10　兜町中央ビル402
　TEL 03-5542-1233
　URL http://www.keishisha.com

**中小企業オーナー・地主が
家族信託を活用するための基本と応用**

令和4年6月17日　初版印刷
令和4年7月4日　初版発行

著　者　　成　田　一　正
　　　　　石　脇　俊　司

不　許
複　製

発行者　一般財団法人 大蔵財務協会 理事長
　　　　木　村　幸　俊

発行所　一般財団法人　大蔵財務協会

〔郵便番号　130-8585〕
東京都墨田区東駒形 1 丁目 14 番 1 号
（販売部）TEL03（3829）4141・FAX03（3829）4001
（出版編集部）TEL03（3829）4142・FAX03（3829）4005
http://www.zaikyo.or.jp

印刷・三松堂㈱

乱丁、落丁の場合は、お取替えいたします。

ISBN978-4-7547-2971-4